中学校国語科

「個別最適な学び」と
「協働的な学び」の
的な充実を通じた授業改善

田中洋一 監修

鈴木太郎 編著

第1学年

明治図書

監修の言葉

　現行学習指導要領（平成29年告示）が全面実施されて２年が経過した。全国の中学校で学習指導要領の趣旨を受け，工夫された授業が展開されつつある。もとより日本の教育は生徒のために努力を惜しまない勤勉な先生方に支えられている。したがって，学力の三要素である「基礎的な知識及び技能」「課題を解決するために必要な思考力，判断力，表現力その他の能力」「主体的に学習に取り組む態度」をバランスよく育てる授業は確実に増えているのである。

　しかしながら社会の変化は激しく，人々の価値観は多様化している。学習指導要領が告示されてから６年の時間が流れている。学習指導要領に示されている教育理念は変わらなくても，生徒や保護者の方々に満足してもらう教育の在り方は，常に具体的に見定めていく必要がある。社会の変化や人々の価値観の多様化に応じて，教育の重点化すべきことを十分に検討し，適切に対応していくことが大切なのである。

　現在，私たちが最も注視すべきは，中央教育審議会「『令和の日本型学校教育』の構築を目指して〜全ての子供たちの可能性を引き出す，個別最適な学びと，協働的な学びの実現〜（答申）」（令和３年１月26日）に示された教育観である。ここで述べられている「個別最適な学び」や「協働的な学び」は新しい概念ではない。力量のある教師なら以前から自分の授業に取り入れてきたことである。しかし，21世紀の社会の有り様の中で，改めて教師が意識すべきこととして位置付けられ，これらを通して「主体的・対話的で深い学び」を実現させることが強調されているのである。そのことに十分留意しなければならない。

　本書の編集の基本的理念はそこにある。日常の授業の中で，「個別最適化」と「協働的学び」を一体的に充実させ，全ての子供たちの可能性を引き出すことを強く意識し，授業改善を図ることを目指し，そのための具体例を示したのが本書である。

　編著者は，文部科学省教科調査官である鈴木太郎氏である。鈴木太郎氏は東京都の中学校教師として，優秀な実践家であった経歴をもち，令和４年度から文部科学省において日本の国語教育をリードする立場になられた新進気鋭の教育者である。これから日本の国語教育を背負う鈴木太郎氏が，冷静な眼で授業を分析し，編著した書なのである。

　執筆に当たったのは21世紀国語教育研究会に所属する先生たちである。この会には東京都を中心とする中学校の，管理職を含む国語科教師が研究のために集っている。発足から19年，会員数約130名の組織であり，月に一度の定例会や年に一度の全国大会，執筆活動などで研究を深めている。鈴木太郎氏も本会の会員である。常に生徒の意欲を引き出し，言語を駆使して思考力や判断力を高める授業を工夫している。その研究成果の一端を示す書でもある。本書が，国語科教育に携わる全国の先生方のお役に立てば幸いである。

　　　　　監修者　東京女子体育大学名誉教授／21世紀国語教育研究会会長　　　田中　洋一

CONTENTS

1 章

国語科の授業改善と
「個別最適な学び」と「協働的な学び」の
一体的な充実

Ⅰ　教育改革の方向と授業改善

　21世紀も５分の１が終わった。世の中が急速な変化を遂げつつあることを，私たちは実感している。教育は世の中が変わればすぐに変えなくてはいけないものではない。むしろ伝統を重んじる日本の教育論は，流行よりも不易の部分を大事にしてきたように思う。たしかに先人が築いてきた日本の教育には素晴らしいものが多いといえる。しかしながら21世紀における時代の変化はかつてないほど激しく，日本の教育も大きく転換せざるを得ない様相になっていることも事実である。

１　教育改革の方向

　21世紀の社会を展望して，そこで生きる人たちへの教育にふさわしい教育課程を示そうとしたのが平成10年版（1998年版）学習指導要領であった。それはまさに21世紀の入り口に当たる時期であった。その時点で21世紀は次のような社会になるであろうと予想されていた。
　①多くの人が高等教育を受ける社会
　②長寿社会
　③科学技術の進歩の速い社会（コンピュータが万能に近い働きをする社会）
　④価値観の多様化した社会
　これらについて20年以上が経過した現在，実際に世の中がどのように変化したか，またそれに応じて教育はどのように変化してきたのか，また今後の教育はどうあるべきかについて述べてみたい。

(1) 多くの人が高等教育を受ける社会

　現在，高等学校への進学率は，ほぼ100％に近くなり，高校卒業後も専門学校まで含めれば進学率は70％を超えるようになった。大学院の修了者も増加する傾向にある。多くの人が望めば高等教育を受けられる時代なのである。しかし日本でも昔からこのような状況であったわけではない。今から70年ほど前の1950年代半ばには，中学校卒業生のうち約４割が直接就職していたという事実がある。現状からは想像がつきにくいことである。高等学校への進学率が低かった時代に当時の中学校教師の多くは，義務教育修了直後に社会の即戦力として働く生徒の育成を想定する傾向があった。子どもにできるだけ多くの知識を教え，大人と一緒に働けるように大人のミニチュア版を作ろうとしたのである。それに対し，進学率が飛躍的に向上した現在は，義務教育で教育が完結するのではなく，より高度な教育を受けて開花する資質・能力が求められるようになっている。

　昭和30年代後半からは高度経済成長とともに高学歴化が進んだが，それは，より高度な学問を学ぶための基礎・基本を育成する教育という理念にはなかなかつながらず，有名校への進学を強く意識する受験指導に注力する教育が主流となった。入試に強く，有名校に進学できるこ

とが優秀な生徒と評価される条件になったのである。昨今，入試の在り方も議論され，徐々に様相が変わりつつあるが，それでも入試はペーパーテストが中心であり，その大半は知識・技能を評価する問いである。したがって受験対策を重視した学習は暗記主体のものになりがちであった。それに反して学習者の興味や関心を中心にした授業が提唱されたこともあったが，それらの多くは生徒の自由な活動に任せすぎた傾向があり長続きしなかった。このことが教育論の混乱をもたらした。現在は，教師が教えて生徒が覚えることと，生徒自身が自ら考えることのバランスこそ大事であるという当たり前の結論に至っている。そのきっかけになったのが平成18年（2006年）に改正された学校教育法である。

学校教育法第30条第2項（小中共通）
「前項の場合においては，生涯にわたり学習する基盤が培われるよう，<u>基礎的な知識及び技能を習得させる</u>とともに，これらを活用して課題を解決するために必要な<u>思考力，判断力，表現力</u>その他の能力をはぐくみ，<u>主体的に学習に取り組む態度</u>を養うことに，特に意を用いなければならない。」

　ここでは，知識及び技能と思考力，判断力，表現力等，さらに主体的に学習に取り組む態度を学力の三要素として捉え，バランスよく育成していくことを目標とする教育を求めている。これと同様の趣旨が平成20年版学習指導要領の総則にも示されたことで，今日の教育の明確な指針となっている。
　従来の日本の教育を評価するなら，「知識及び技能」に関しては日本の子どもたちは優秀であり，「思考力，判断力，表現力等」については課題が大きいとされた。2000年から続くPISA調査でも，日本の子どもは自分の考えを自分の言葉で表現する課題に弱いことが当初から指摘され，現在でもそれが克服されたとは言い難い。また，「主体的に学習に取り組む態度」については児童・生徒が集団内で二極化していると評価される。
　学校教育法に示された「学力の三要素」は，相互に関連して伸張するものである。「知識及び技能」は教師が教えることで効率的に育つ力といえるが，生徒は棒暗記に陥りがちであり，日常生活の課題解決や他教科の学習に使える知識にはなかなかならない。知識は活用できるものとして身に付けさせる必要がある。「思考力，判断力，表現力等」と「主体的に学習に取り組む態度」は，生徒が主体的に関わる学習活動によって育つ性質のものである。この点における授業改善が求められるところである。

(2) 科学技術の進歩の速い社会（コンピュータが万能に近い働きをする社会）

　科学技術の進歩については先生方ご自身の仕事の仕方も大きく変化しているので，実感されておられることであろう。21世紀はSociety 5.0の世界であるといわれている。

1.0 狩猟社会　　2.0 農耕社会　　3.0 工業社会　　4.0 情報社会

5.0 ロボット，人工知能，ビッグデータ等の先進技術を活用し新たな価値を創出する社会

　囲碁も将棋も人工知能がプロ棋士を脅かす世の中である。20世紀に存在した職業が様変わりをしている。それに合わせて GIGA スクール構想が策定されている。そもそも GIGA スクール構想に至る社会分析には次のような識者の考えが背景にあることを認識しておきたい。

○労働者が財やサービスを提供すること自体はさほど付加価値を生まなくなり，マーケティング，研究開発，ビジネスモデルの構築こそが高い付加価値を生む。つまり知的労働の価値が高まり，「頭脳資本主義」が進展する。（神戸大学名誉教授　松田卓也）

○頭脳資本主義が本格的に到来すれば，今後の人口減少は直接的な問題でなくなる。教育レベルを引き上げ，研究開発を促進して「頭脳」を高めることで克服できる。

　その一方で頭脳資本主義は格差という深刻な問題を生じさせる。頭脳を振り絞って稼ぎまくる人と，肉体を酷使して安い賃金に甘んじる人に分けられる。（駒澤大学准教授　井上智洋）

○アメリカでは既に，コールセンターや旅行会社のスタッフといった中間所得層が従事する「事務労働」が増大し，労働市場の二極化が起きている。日本の労働市場も，徐々に「事務労働」では雇用が減り，肉体労働では人手不足が解消されなくなる。これが2030年頃までまだら状態が続き，これ以降は全面的かつ長期的な雇用減少が起きる可能性がある。（井上）

○今後，十分なスキルをもたないために雇用されない人々からなる巨大な「不要階級」が形成される。（イスラエル歴史学者　ユヴァル・ノア・ハラリ）

　このような学者たちの論がある中で，日本の世界デジタルランキングは29位という現実がある。したがって，日本経済の国際的な遅れは避けられないというのが経済界の見方である。このような状況において，日本の子供たちにもコンピュータを駆使できる力をつけたいという強い願いがある。これは妥当な願いである。

　しかしながら私たち国語の教師は，現行の学習指導要領に基づいて教育を実践するのであるから，学習指導要領に示された目標や内容にしたがった授業を行うのであり，目標の実現状況を見る評価をすることになっている。これらのことと ICT を使いこなす生徒の育成という目標との混同ははっきりと戒めたい。国語科の授業は ICT に堪能な子どもを育てるために行うのではなく，ICT を駆使することによって，授業の効率をよくしたり内容の充実を図ったりすることを目指しているのであり，学校全体の教育活動によって結果的に ICT に強い生徒が育つのである。

本書が提言する事例に共通する考え方は，中央教育審議会答申「『令和の日本型学校教育』の構築を目指して～全ての子供たちの可能性を引き出す，個別最適な学びと，協働的な学びの実現～（答申）」（令和3年1月26日）に示された方針によっている。この答申の内容については14ページから，本書の編著者である鈴木太郎氏が詳述しているので，ここでは簡単に触れるだけにするが，同答申では，個別最適な教育の実現のために，ICTの活用を協働的な学びとともに授業展開の重要な事項として位置付けている。しかし，それと同時に，「二項対立の陥穽に陥らない」として，デジタルとアナログの両方のよさを適切に組み合わせることの大切さを示している。そして，改革に向けた六つの方向性のうちの一つに「これまでの実践とICTとの最適な組み合わせ」の実現を挙げているのである。これはICTの導入にブレーキをかけているのではなく，目的と手段の混同に警鐘を鳴らしているのである。

　この答申を受けて，本書の事例にはICTの活用を授業の展開上重要な手段として位置付けているが，あくまでICTは学習指導要領国語に示された生徒の資質能力を育成するための適切な方法として選択し，提案している。

　なおICTの進歩は著しく，教育におけるICTの在り方を論じている間に，ICTの性質も能力も日進月歩で向上している。したがって議論すべき内容も日々変化している。現在はChatGPTが新たに登場し，教育の世界での使われ方が議論されている。教育におけるICTの功罪については早急な議論が求められているところである。

　また，現在，導入が決まっているデジタル教科書についての情報をまとめると次のようになる。（文部科学省「個別最適な学びと協働的な学びの一体的な充実に向けた教科書・教材・ソフトウェアの在り方について～中間報告～」令和4年11月21日 より）

①令和6年度より小学校英語教科書が新版になる。そこからデジタル教科書を導入する。

②令和6年度に中学校英語はまだ現行版であるが，小学校に合わせてデジタル教科書を導入する。令和7年度は新版のデジタル教科書になる。

③次にニーズの高い「算数・数学」で導入する。（時期未定）

④また外国人児童生徒へのアクセシビリティーなど，潜在的なニーズから「国語」でのデジタル教科書の必要性も高いと考える。（時期未定）

⑤当面は紙とデジタルのハイブリッドで授業する。児童・生徒が選べるようにすることも大切である。

⑥子供たちの学びの選択肢を増やしていくために，教科書のみならず教材やソフトウェアの様々な選択肢をどのように整えていくかという観点で今後も議論していく必要がある。

⑦デジタル教科書だけでなく，教材・ソフトウェアのアクセシビリティーも検討課題である。

⑧デジタル教科書と教材の連携を考える上で，MEXCBTや学習eポータルとの連携の在り方について検討が必要である。

いずれにしてもデジタル教科書の導入は近い将来確実になされる。これを活用した授業は教材提示や授業展開において大きく変化することになり，教師はそれも工夫していく必要があるが，現在のICT活用の中にも多くのヒントがあることに留意しておきたい。

（3）長寿社会

　医療の発達や衛生環境の改善等により，日本では確実に平均寿命が延びている。このことも学校教育の在り方に大きな影響を与えている。すなわち学校を卒業してからの人生がかつてないほど長くなったのである。大学院まで学んでもそれから60年の人生が待っている。それに加えて現在は人類史上かつてないほど変化の速い社会が到来している。この両者を合わせて考えると，卒業時に学校で学んだことを，貯金を引き出すように使いながら生きていくことの難しさが分かる。人生において困難な課題に遭遇することは必ずあるが，人生が長く，かつ変化が激しければ，困難との遭遇も頻度を増し，内容も多様化することであろう。学校で学んだ公式では解決できない課題が社会にも家庭にも多くなることが想像できる。そこで必要なのは，課題に正対して知識を活用し，思考して解決する力である。そういう意味でも知識に偏るのでなく，課題を分析・対応するための思考力を育成すると同時に，困難にもめげずに解決策を見いだす粘り強さや，課題に対応するだけでなく，日頃から自らを高めようとする向上心の育成が求められるのである。

　また，生徒が卒業後の長い期間に充実した人生を送るために，教師は各教科の内容に興味・関心をもたせることに注力する必要がある。各教科特有の魅力を授業の中で十分に味わわせ，教科内容に親しみや有用性を感じさせることが大切である。国語で言えば，「読む」「書く」「話す」「聞く」の言語活動の楽しさを味わい，それを生活の中でも進んで生かす態度を育てることが肝要である。たとえ国語のテストでよい点数が取れても，学校の勉強以外で一切読書をしない生徒よりも，気軽に図書館に行って文学を楽しんだり調べごとをしたりする生徒の方が豊かな人生を送れるであろう。同様に，気軽に遠方の友に手紙（メール）を書いたり，人と楽しくコミュニケーションを取ったりする生徒を育てていきたいのである。

（4）価値観の多様化した社会

　「主体的・対話的で深い学び」「協働的な学び」等の語が教育のキーワードになっている。本書もこれらの学びを含めた授業を提案している。これらの学びの前提は，人間は一人一人考えが異なるものであるということである。これはごく当たり前のことであるが，知識・技能の習得を中心に据えた教育では，真実という名の正解があり，生徒の解答は常に正答と誤答に峻別されている。それに対して，思考・判断は本来，個人的なものであり，個性の問題でもある。したがって思考・判断の力を育てるためには，多様な意見が許容できる課題の設定や自由に意

見が言える授業展開の工夫が必要なのである。

　例えば「4×6はいくつか」という算数・数学の問いは、このままでは協働的な学びにはならない。解は「24」しかないので、すぐに正答と誤答に峻別できてしまう。これをグループで話し合わせても、単なる答え合わせになってしまう。協働的な学びの本質は、他者の考えに触れ、自分の考えを深めることにあるのだから、少なくとも多様な考えがもてる問いにする必要がある。この場合も「24になる式を考えよう」とすれば多様な答えが許容されるし、「4×6＝24の式が活用できる文章題を作ってみよう」とすれば、もっと多様な意見が提示される。これであれば本来の協働的な学びが実現する。また、その中で「最も解きにくい文章題を作ろう」という条件を設定すれば、意見を交流する際の方向性も明らかになり、一層深い協働的な学びが実現できる。このように多様な考えが許容できる課題が大切なのである。

　前述の中央教育審議会答申「『令和の日本型学校教育』の構築を目指して」では、個別最適な学びの実現のために「『正解主義』と『同調圧力』」からの脱却を求めている。暗記を最大の目標にする授業は、一つの正解を求める活動に終始しがちだが、思考力や判断力を養う授業は多様な意見をお互いに認め合うことができ、それが生徒の主体性を引き出すことにもつながるのである。

　協働的な学びの展開の仕方の基本は次のようなものである。まず、生徒にそれぞれ自分の考えをもたせる。その考えをもって交流の場面に臨ませる。そこで他者の多様な意見を聞き、自分の意見を再構築したり深めたりする。この流れによって協働的な学びが成立する。したがってその形態は「個→集団→個」となることが基本である。課題に対して自分の意見をもつために十分な考察をすることがなければ、他者の意見のよいところも分からないであろう。また自分の意見をもたずにグループ活動に入れば、声の大きい生徒に同調してしまうことになるからである。また、協働的な学習の話し合いは必ずしも一つの結論を導き出すためのものではないので、拙速に「班の意見」などを求めないようにすることも大切である。

　なお、協働的な学びを成立させるには、話し合い活動を通すだけでなく、書物やインターネットによって他者の意見に触れることでも可能である。しかし、自分の考えをもつことが前提であることは同様である。

　以上の授業改善の方向性の中で国語科の授業の在り方も考えていくべきである。本書で提案する授業が読者の授業の充実に資することを期待している。

（田中　洋一）

Ⅱ 「個別最適な学び」と「協働的な学び」の一体的な充実を

　中央教育審議会「『令和の日本型学校教育』の構築を目指して〜全ての子供たちの可能性を引き出す，個別最適な学びと，協働的な学びの実現〜（答申）」（令和3年1月26日，以下「令和3年答申」）は，「はじめに」で次のように述べている。

　本答申は，第Ⅰ部総論と第Ⅱ部各論から成っている。総論においては，まず，社会の変化が加速度を増し，複雑で予測困難となってきている中，子供たちの資質・能力を確実に育成する必要があり，そのためには，新学習指導要領の着実な実施が重要であるとした。その上で，我が国の学校教育がこれまで果たしてきた役割やその成果を振り返りつつ，新型コロナウイルス感染症の感染拡大をはじめとする社会の急激な変化の中で再認識された学校の役割や課題を踏まえ，2020年代を通じて実現を目指す学校教育を「令和の日本型学校教育」とし，その姿を「全ての子供たちの可能性を引き出す，個別最適な学びと，協働的な学び」とした。(p.1，2)

　ここで述べているように，令和3年答申は，総論において，現行の学習指導要領を着実に実施するための新たな学校教育の姿を「令和の日本型学校教育」とし，その姿を「個別最適な学び」と「協働的な学び」というキーワードを用いて具体的に描き，目指すべき方向性を社会と共有しているのである。そして，次の一文にあるように，「個別最適な学び」と「協働的な学び」を一体的に充実することを通して，学習指導要領のキーワードの一つである「主体的・対話的で深い学び」の実現に向けた授業改善を図ることの必要性を示している。

　各学校においては，教科等の特質に応じ，地域・学校や児童生徒の実情を踏まえながら，授業の中で「個別最適な学び」の成果を「協働的な学び」に生かし，更にその成果を「個別最適な学び」に還元するなど，「個別最適な学び」と「協働的な学び」を一体的に充実し，「主体的・対話的で深い学び」の実現に向けた授業改善につなげていくことが必要である。(p.19)

　令和3年答申の各論が，総論で描いた「令和の日本型学校教育」の実現に向けた具体的な方策を述べているように，「令和の日本型学校教育」を実現するためには，今後，様々な学校教育の在り方を改善していくことが必要である。その一方で，今，令和3年答申が示している「個別最適な学び」と「協働的な学び」の一体的な充実という学びの姿について考えることは，各学校が取り組んでいる授業改善の一層の推進に役立つものであると考えられる。

　では，中学校国語科の特質に応じ，地域・学校や生徒の実情を踏まえながら，授業の中で「個別最適な学び」と「協働的な学び」を一体的に充実し，「主体的・対話的で深い学び」の実現に向けた授業改善につなげていくとはどのようなことなのだろうか。以下，中学校国語科の授業に即し，令和3年答申の内容を確認しながら考えてみよう。

1 「個別最適な学び」と中学校国語科の授業

令和３年答申では，「個別最適な学び」の具体的な在り方として「指導の個別化」と「学習の個性化」を示している。そこで，まずは令和３年答申が示す「指導の個別化」と「学習の個性化」を確認しながら，中学校国語科の授業の在り方を考えていくことにしよう。

(1) 「指導の個別化」と中学校国語科の授業

「指導の個別化」について，令和３年答申は，次のように述べている。

全ての子供に基礎的・基本的な知識・技能を確実に習得させ，思考力・判断力・表現力等や，自ら学習を調整しながら粘り強く学習に取り組む態度等を育成するためには，教師が支援の必要な子供により重点的な指導を行うことなどで効果的な指導を実現することや，子供一人一人の特性や学習進度，学習到達度等に応じ，指導方法・教材や学習時間等の柔軟な提供・設定を行うことなどの「指導の個別化」が必要である。(p.17)

ここでは，「指導の個別化」の目的が「全ての子供に基礎的・基本的な知識・技能を確実に習得させ，思考力・判断力・表現力等や，自ら学習を調整しながら粘り強く学習に取り組む態度等を育成するため」と，学習指導要領において三つの柱で整理された資質・能力の確実な育成であることを明確に示している。このことを前提に，例示されている「指導の個別化」の考え方に基づいて，国語科の授業における指導の工夫の例を考えてみよう（【表１】参照）。

【表１】

「指導の個別化」の考え方（例）	国語科の授業における指導の工夫（例）
支援の必要な子供により重点的な指導を行うことなど。	（例１） 単元の評価規準について，「Bと判断する状況」を想定するとともに，「Cと判断する状況への手立て」を想定して授業に臨み，実際の学習活動に即して目標に準拠した評価を行い，Cと判断する状況に該当する生徒に対して適切な手立てを講じるなど。
子供一人一人の特性や学習進度，学習到達度等に応じ，指導方法・教材や学習時間等の柔軟な提供・設定を行うことなど。	（例２） 生徒の特性や学習進度，学習到達度等に応じて数種類のヒントカードやワークシート等を作成し，一人一人に適したものを使用させるなど。 （例３） 学校の授業では単元Aの途中まで学習を進め，別の単元Bの学習に入る。その間，家庭学習等を活用して各自の学習進度等に応じて単元Aの学習を継続する。単元Bの終了後等に，学校の授業で単元Aにおけるその後の学習を進めるなど。

※上記は，令和３年答申が示している「指導の個別化」の考え方をもとに，中学校国語科における指導の例として考えられるものの一部を示したものであり，この他にも様々な指導の工夫が考えられる。

【表１】の（例１）のような指導の工夫は今までも実践されてきたものであり，「『指導と評価の一体化』のための学習評価に関する参考資料【中学校国語】」（令和２年３月　国立教育政策研究所）に掲載している各事例でも，具体的な指導の例を示している。最近では，ICT の活用により一層効果的に実践する事例も見られる。例えば，生徒が１人１台端末により文章を入力した後，共同編集機能を用いて互いに文章を読み合い，助言をコメントとして入力し合うような場面で，教師も生徒の文章を読み，単元の評価規準に基づいて評価し，「Ｃと判断する状況への手立て」として個別のコメントを入力することで指導する実践や，提出機能により提出された生徒の作品等にコメントを付けて戻し，再提出させるような実践などである。（生徒の学習状況を確認し，複数の生徒に同じようなつまずきが見られるような場合には，気を付けるべき点や改善点について，つまずきに応じたグループを編成してグループ別に指導したり，学級全体に指導したりすることが効果的な場合もある。生徒の学習状況を把握し，その課題に応じて適切な指導を行うことで，目標とする資質・能力の確実な育成を図ることが大切である。）

　【表１】の（例２）のような指導の工夫は，これまで紙媒体で実践されてきたが，ICT の活用により，例えば，生徒のつまずきを想定して数種類のヒントカード等を電子データで作成し，分かりやすいタイトルを付けて共有フォルダに保存しておき，生徒の学習状況に適したヒントカード等を１人１台端末で参照させることもできるようになった。ヒントカード等の他にも，スピーチの話題や意見文の題材等に関する新聞記事等の資料を，電子ファイルとして共有フォルダに保存しておき，生徒の学習状況に応じて，必要な資料を参照させることも考えられる。ヒントカード等を使用する場面は，単元の序盤・中盤において学習の進め方がうまくいかない生徒の状況に応じて用いるような場合もあれば，単元の終盤において全体で取り組む学習が早く終わった生徒に発展的な課題に取り組ませるような場合もあるだろう。

　「学習時間等の柔軟な提供・設定」については，これまでは，授業時間内に学習を終えられなかった場合に，個別に家庭学習で取り組むことを課したり，昼休みや放課後等の時間を活用した補充学習等を行ったりすることが多かったのではないだろうか。これは，全ての生徒が同じ進度で学習を行うことを前提として計画を立て，計画通りに学習を終えられなかった生徒に授業時間外の学習を補充するという考え方といえる。しかし，そもそも一人一人の特性や学習進度，学習到達度等が異なっているという前提に立つことで，【表１】の（例３）の単元Ａのように，学習目標の達成を目指して一人一人が家庭学習等を活用しながら学習時間を調整できるように単元の計画を工夫することも考えられるだろう。また，従来から取り組まれてはいるが，単元の学習内容に応じて，事前に教材文等を読んで気になる語句の意味や分からない事柄等について調べたり，スピーチや意見文等の話題や題材について情報を収集したりするなどの予習や，学習内容の振り返り等を行う復習に関する指導の在り方も，「指導の個別化」という点から捉え直し，充実させていくことが重要である。

　いくつかの例を挙げたが，大切なのは，授業に参加している多様な生徒一人一人の特性や学

習進度，学習到達度等を踏まえ，指導方法・教材や学習時間等を柔軟に提供・設定することや，支援の必要な生徒により重点的な指導を行うことで，全ての生徒が必要な資質・能力を身に付けられるようにすることである。

(2) 「学習の個性化」と中学校国語科の授業

「学習の個性化」については，令和３年答申は，次のように述べている。

基礎的・基本的な知識・技能等や，言語能力，情報活用能力，問題発見・解決能力等の学習の基盤となる資質・能力等を土台として，幼児期からの様々な場を通じての体験活動から得た子供の興味・関心・キャリア形成の方向性等に応じ，探究において課題の設定，情報の収集，整理・分析，まとめ・表現を行う等，教師が子供一人一人に応じた学習活動や学習課題に取り組む機会を提供することで，子供自身が学習が最適となるよう調整する「学習の個性化」も必要である。(p.17)

「指導の個別化」は，学習指導要領が示す資質・能力を全ての生徒に確実に育成するための指導の工夫と考えることができる。そして，「学習の個性化」は，一人一人の生徒が自らの興味・関心・キャリア形成の方向性等に応じて主体的に学習に取り組むことで，自らの資質・能力や個性等をさらに伸ばしていくことを大切にする学習の在り方と考えることができるだろう。当然，どちらも，学習指導要領が示す資質・能力の育成を図る上で重要となる考え方である。そこで，中学校国語科の授業において，生徒の興味・関心・キャリア形成の方向性等に応じ，生徒一人一人に応じた学習活動や学習課題に取り組む機会を，どのように提供することができるかについて考え，いくつかの例を【表２】に示した。

例えば，【表２】の（例１）や（例２）のような場合，生徒が自らの興味・関心・キャリア形成の方向性等に応じて，社会生活から話題や題材を設定し，情報を収集しながら内容を検討する学習活動を設定することが考えられる。このような学習を行う際には，突然，ある日の国語の授業で「社会生活から，話題（題材）を設定し，情報を収集しましょう」などと生徒に伝えるのではなく，生徒が見通しをもって学習に取り組むことができるよう，自らの興味・関心に基づく課題や，職業や自己の将来に関する課題等を踏まえて取り組む総合的な学習の時間における探究的な学習，特別活動における「一人一人のキャリア形成と自己実現」に関する学習等と関連付けたカリキュラム・マネジメントを行うことが重要である。

また，【表２】の（例３）から（例５）までのような場合，生徒一人一人が自らの興味・関心・キャリア形成の方向性等に応じて，様々な資料，詩歌や小説，報道文等を選ぶであろう。このような際も，ICTを活用することで，従来よりも幅広く生徒が自らに適した文章を選ぶことができる。なお，このような学習を効果的に行うためには，日頃から様々な文章に接することができるように，学校生活全体における言語環境の整備や読書活動の充実等が大切である。

いくつかの例を挙げたが，これらの学習において，うまく学習を進めることが難しい場合には，「指導の個別化」の例で挙げたように，それぞれの生徒の状況に応じて，話題や題材を設定したり情報を収集したりできるような指導を工夫することが大切である。このように，「指導の個別化」と「学習の個性化」とは相互に関連し合って，効果的な指導や学びが実現されていくものと考えられる。実際の指導に当たっては，学習指導要領が示す資質・能力の確実な育成を図るとともに，生徒一人一人の個性等を生かしながらその資質・能力をさらに伸ばすことができるように，各学校の実態等に応じて柔軟に指導を工夫できるようにしたい。

【表2】

	重点的に指導する指導事項の例	言語活動の例
（例1） A話すこと・聞くこと 第3学年	目的や場面に応じて，社会生活の中から話題を決め，多様な考えを想定しながら材料を整理し，伝え合う内容を検討すること。（A(1)ア）	関心のある社会的な問題について自分が考えた提案や主張をスピーチする。 （関連：A(2)ア）
（例2） B書くこと 第2学年	目的や意図に応じて，社会生活の中から題材を決め，多様な方法で集めた材料を整理し，伝えたいことを明確にすること。（B(1)ア）	関心のあるニュースについて考えたことを意見文にまとめ，新聞に投書する。 （関連：B(2)ア）
（例3） C読むこと 第1学年	目的に応じて必要な情報に着目して要約したり，<u>場面と場面，場面と描写などを結び付けたりして，内容を解釈すること</u>。（C(1)ウ） ※特に下線部の内容を指導	学校図書館等を利用し，興味のあるテーマに関する資料から情報を得て，自分が紹介したい内容をリーフレットにまとめる。（関連：C(2)ウ）
（例4） C読むこと 第2学年	文章を読んで理解したことや考えたことを知識や経験と結び付け，自分の考えを広げたり深めたりすること。（C(1)オ）	学校図書館等で気に入った詩歌や小説などを探して読み，考えたことを伝え合う。 （関連：C(2)イ）
（例5） C読むこと 第3学年	文章の構成や論理の展開，表現の仕方について評価すること。（C(1)ウ）	関心のあるニュースについて報道した文章を比較して読み，考えたことを文章にまとめる。（関連：C(2)ア）

※上記は，令和3年答申が示している「学習の個性化」の考え方を参考にして構想した単元において，重点的に指導する〔思考力，判断力，表現力等〕の指導事項と言語活動の例を示したものであり，この他にも様々な指導の工夫が考えられる。

（3）「個別最適な学び」と「個に応じた指導」

ここまで，「指導の個別化」と「学習の個性化」という点から，中学校国語科における学習活動の充実の方向性について考えてきた。令和3年答申では，「『指導の個別化』と『学習の個性化』を教師視点から整理した概念が『個に応じた指導』であり，この『個に応じた指導』を学習者視点から整理した概念が『個別最適な学び』である。」（p.18）と示している。

「個に応じた指導」については，中学校学習指導要領の第1章総則第4の1の(4)で示しているが，その内容は，これまでいくつかの例を挙げながら考えてきた中学校国語科における学習活動の充実の方向性と重なるものである。これからの学校教育では，「主体的・対話的で深い学び」の実現に向けて不可欠となる「個に応じた指導」について，教師視点から捉えるだけでなく，学習者視点から捉え直すとともに，ICTを効果的に活用するなどして授業改善を進め

ていくことが重要であろう。

2 「協働的な学び」と中学校国語科の授業

「協働的な学び」については，令和３年答申では次のように示している。

さらに，「個別最適な学び」が「孤立した学び」に陥らないよう，これまでも「日本型学校教育」において重視されてきた，探究的な学習や体験活動などを通じ，子供同士で，あるいは地域の方々をはじめ多様な他者と協働しながら，あらゆる他者を価値のある存在として尊重し，様々な社会的な変化を乗り越え，持続可能な社会の創り手となることができるよう，必要な資質・能力を育成する「協働的な学び」を充実することも重要である。

「協働的な学び」においては，集団の中で個が埋没してしまうことがないよう，「主体的・対話的で深い学び」の実現に向けた授業改善につなげ，子供一人一人のよい点や可能性を生かすことで，異なる考え方が組み合わさり，よりよい学びを生み出していくようにすることが大切である。「協働的な学び」において，同じ空間で時間を共にすることで，お互いの感性や考え方等に触れ刺激し合うことの重要性について改めて認識する必要がある。(p.18)

現在，１人１台端末があることで，「個別最適な学び」（教師視点からは「個に応じた指導」）を従前と比べて幅広く行うことが可能となった。しかし，「個別最適な学び」だけを追求し，生徒の学びが「孤立した学び」になってしまっては，「主体的・対話的で深い学び」の実現を図ることは難しくなるだろう。したがって，中学校国語科の授業においても，自分とは異なるものの見方や考え方をもつ様々な他者と対話することで，自分の考えを広げたり深めたりする機会や，一人では気が付かなかった視点から自らの学習の状況を捉えて学習の進め方を工夫する機会などを設定し，「個別最適な学び」と「協働的な学び」を一体的に充実していくことを通して「主体的・対話的で深い学び」を実現できるようにすることが大切である。その際，対話的な学習活動が，「異なる考え方が組み合わさり，よりよい学びを生み出していくようにする」ものとなるよう，学習課題の設定やグループの編成等を工夫することが重要である。

また，ICTを活用した対話的な活動を行う際も，形式的な対話的活動にならないよう留意することが必要である。例えば，共同編集機能を用いて各自の考えをコメントの入力で伝え合うような学習の場合，コメントの内容が理解できるものであったり，コメントを読んだ後に双方向でのやり取りができたりすれば，対話が成立し学習が深まっていくであろう。しかし，コメントの内容が理解できないものだったり，コメントの内容を確かめるための質問もできなかったりするような場合などは，対話が成立せず，学習も深まらないはずである。形式的にはICTを活用した「協働的らしい学び」であっても，実際には「主体的・対話的で深い学び」

の実現に向かっていない……ということは避けなくてはならない。

　そのためにも，生徒の学びの状況を丁寧に捉え，必要に応じて，その学びを深められるような手立てを講じることが大切である。例えば，コメントの入力内容が短く，互いの考えを十分に伝え合うことができていないと判断したら，コメントを入力した生徒同士で話し合う時間を短時間でも設定することなどが考えられる。また，グループでコメントを入力し合った後に，そのコメントをもとに話し合わせるような場合には，教師が各グループの話し合いの状況を確認しながら，コメントをもらった生徒にその意味を説明させ，コメントの意味を理解しているかを確かめたり，ある生徒のコメントが妥当かどうかを別の生徒に判断させたりして学習を深められるように指導することも重要である。いずれにしても，コメント機能を用いているから「協働的な学び」であるとか，コメントの入力ができていれば学びが深まっているなどと，形式的な面のみに着目して生徒の学習を捉えるのではなく，異なる考え方が組み合わさり，よりよい学びを生み出せるように，自校の実態や生徒の学習の状況等に応じて柔軟に学習の形態や教師の指導を工夫することが大切である。

3　「主体的・対話的で深い学び」の実現に向けた授業改善

　今，学校現場には，多様な子供たちに対して，学習指導要領が示す資質・能力を確実に育成するとともに，一人一人の個性を伸ばしていくことが求められている。そのための有効な手立てとなるのが，教科等の特質に応じ，地域・学校や児童生徒の実情を踏まえながら，「個別最適な学び」と「協働的な学び」を一体的に充実することなのではないだろうか。これは，学校の教育課程全体で取り組むとともに，これまで述べてきたように中学校国語科の授業改善としても取り組むことができるものでもある。

　その際，留意したいのは，「個別最適な学び」と「協働的な学び」が実現できたかどうかで自らの授業を振り返るのではなく，「個別最適な学び」と「協働的な学び」の一体的な充実を通して，「主体的・対話的で深い学び」が実現できたかという視点で授業改善に取り組むということである。このことは，つまり，学習指導要領が示している資質・能力を，どの程度育成することができたかということを評価する「目標に準拠した評価」を適切に行うとともに，生徒のよい点や進歩の状況等を評価する「個人内評価」を積極的に行いながら，自らの授業を振り返り，指導の改善や学習意欲の向上を図り，資質・能力の育成に生かすようにすることを意味する。引き続き，学習指導要領が示す資質・能力を丁寧に理解し，学習評価の充実を図り，指導と評価の一体化を進めていくことが肝要である。

（鈴木　太郎）

2章

「個別最適な学び」と「協働的な学び」の
一体的な充実を通じた授業改善を図るプラン

好きなことをスピーチで紹介する
～話の構成を工夫する～

教　材　「話の構成を工夫しよう　好きなことをスピーチで紹介する」（光村）
関連教材：「話を聞いて質問しよう」（東書）

1　単元について

　本単元では，好きなことをスピーチで紹介する活動を通じて，「話すこと・聞くこと」の能力の育成を目指す。単元「声を届ける」や小学校での既習事項を踏まえて，声の大きさや速さ，間の取り方などを工夫してスピーチを行う。中学校に入学して2，3か月がたち，クラスの中でのお互いの様子は分かってきたけれど，全員と関わったり，相手の話をじっくり聞いたりする機会はまだあまりもてていないことが多い。そこで，「自分の好きなこと」というテーマで，日常生活の中から題材を探してスピーチをする機会を設けた。普段見せていない自分の姿を紹介し，より親しくなってもらうことをねらいとする。日常生活から題材を取り，相手意識（級友になってから日が浅い友達），目的意識（より親しくなってもらう）を明確にすることで，スピーチに苦手意識をもっている生徒も，積極的に活動できるようにする。さらに，スピーチの内容をどのような構成にしたら限られた時間の中で相手に分かりやすく，興味をもってもらえるようになるかを考えさせることで「話すこと・聞くこと」の力を向上させる。

　また，生徒が1人1台端末を所持している環境を生かし，ICT機器を活用した授業を展開する。端末を必要に応じて使用することで，活動内容を分かりやすくし，作業の時間を短縮し，生徒に思考させる重要な部分に時間をかけることができるようにする。

　具体的には，スピーチの構成を考えさせる段階で，まずフィッシュボーンを使って話題を箇条書きに整理させる。次に，話の内容をカードに記述し画面に貼り付け，動かしながら構成を考えさせる。こうすることで，何度も書き直したりする手間が省ける上に，よりよい発表になるように友達と画面共有をして意見交換したり，さらに話の内容を工夫したりといった有意義な時間の使い方ができる。このような1人1台端末の利用により，深い思考を導き出す。

　また，実際にスピーチをしたり，発表練習をしたりする様子を録画し，適宜視聴することで，振り返りを充実させる。

　さらに，本単元では一人一人が全体で発表する活動の前に，グループ活動を取り入れている。それぞれの段階において，グループ内で意見を交換しながら，よりよい発表に向けて活動することができると考えた。

ICT の活用場面

[ツール・アプリ等] ロイロノート・スクール（以下「ロイロノート」）　動画撮影機能

●第1時　文章の下書きを書く。（ロイロノート）
●第2時　文章構成を考える。（ロイロノート）
●第3時　発表練習をする。（動画撮影機能）

2　単元の目標・評価規準

(1)　音声の働きや仕組みについて，理解を深めることができる。〔知識及び技能〕(1)ア

(2)　目的や場面に応じて，日常生活の中から話題を決め，集めた材料を整理し，伝え合う内容を検討することができる。〔思考力，判断力，表現力等〕A(1)ア

(3)　自分の考えや根拠が明確になるように，話の中心的な部分と付加的な部分，事実と意見との関係などに注意して，話の構成を考えることができる。

〔思考力，判断力，表現力等〕A(1)イ

(4)　言葉がもつ価値に気付くとともに，進んで読書をし，我が国の言語文化を大切にして，思いや考えを伝え合おうとする。「学びに向かう力，人間性等」

知識・技能	思考・判断・表現	主体的に学習に取り組む態度
①音声の働きや仕組みについて，理解を深めている。((1)ア)	①「話すこと・聞くこと」において，目的や場面に応じて，日常生活の中から話題を決め，集めた材料を整理し，伝え合う内容を検討している。（A(1)ア） ②「話すこと・聞くこと」において，自分の考えや根拠が明確になるように，話の中心的な部分と付加的な部分，事実と意見との関係などに注意して，話の構成を考えている。（A(1)イ）	①粘り強く話の構成を考え，学習の見通しをもって，スピーチをしようとしている。

A
聞くこと
話すこと

B
書くこと

C
読むこと

3 単元の指導計画（全4時間）

時	主な学習活動 ★個別最適な学びの充実に関連する学習活動 ●協働的な学びの充実に関連する学習活動	・評価規準と<u>評価方法</u>
1	・相手意識・目的意識をもってスピーチの話題を決める。 ★自分の意外な一面を紹介できるような話題を決め，材料を選ぶ。 ・ウェビング等を用いて話題を決める。 ★ロイロノートのシンキングツール（フィッシュボーン）に必要な項目を記入しグループで共有する。	[思考・判断・表現] ① <u>ワークシート</u> ・自分の意外な一面を紹介できるように，身近な題材をもとに自分の体験などを整理している。
2	・構成メモを作成する。 ●フィッシュボーンをもとに，ペアで相手の話題について質問し合い，内容をより具体的にする。 ・効果的な構成に着目して，ロイロノートのカードに自分の発表内容の項目を記入し，並べ替える。	[思考・判断・表現] ② <u>構成メモ</u> ・「好きなこと」の魅力や，その具体的な内容が明確になるように話の構成を考えている。
3	・スピーチを練習する。 ・スピーチの例として見本の「スピーチの会を開く」の動画を視聴してイメージをつかむ。 ・スピーチで話すときに大切なことを確認する。 ●1人1台端末を使ってグループ内で動画撮影をしながら練習を繰り返し，友達に助言をする。 ・録画を見返して声の強弱や抑揚，間の取り方などを分析し改善する。	[主体的に学習に取り組む態度] ① <u>ワークシート・観察</u> ・自分のスピーチを振り返り，進んで目的に合ったスピーチをしようとしている。
4	・スピーチの発表会を開き，1人1分間程度の発表を行う。 ・友達の発表を評価しながら聞く。 ・学習のまとめをする。 ・自分のスピーチを自己評価し，友達のスピーチの構成の工夫を振り返りながら学習のまとめをする。	[知識・技能] ① <u>ワークシート・観察</u> ・声の大きさや抑揚，間の取り方などを工夫して話している。 [主体的に学習に取り組む態度] ① <u>ワークシート</u> ・話の構成を考えるときに工夫したことや粘り強く取り組んだことを振り返り，今回の学びを今後の自分の話し方に生かそうとしている。

4 個別最適な学びと協働的な学びの充実に向けた指導のポイント

(1) 個別最適な学びを充実させる視点から

　本単元では，出会って間もないクラスの友達に向けて自分のことをより知ってもらうためのスピーチを目的とした言語活動に取り組むが，その際，自分の好きなことをテーマに話題を選ばせることにした。このことにより，生徒一人一人の「伝えたい」という意欲を喚起し，相手に分かりやすく伝えるための話の構成について粘り強く試行錯誤しながら取り組むことができるようにしたいと考えた。また，1人1台端末を利用して話題を決め，構成を練るように計画しており，2時間目の終了時に生徒が提出したフィッシュボーンとスピーチメモの内容を教師が確認することにしているが，それまでに，生徒一人一人が自らの興味・関心等に応じ，学習が最適となるよう調整する機会を設けることとした。具体的には，話の構成を考える際は，ワークシートへの記入やロイロノートのカードへの記入など，自分が取り上げる話題や，自分の得意とする学習の進め方に合わせて，生徒が工夫しながら取り組めるようにした。

　第2時では，フィッシュボーンに必要事項を記入する方法を一斉指導するが，生徒によっては学習を進めていく途中で再度説明を聞きたくなることもあるだろう。そのような場合に，繰り返し説明動画を視聴できるようにする。生徒が何度でも説明を聞けるようにすることで，一人一人の生徒の理解の差を埋められるとともに，さらに力を伸ばせるようにする。

　スピーチの構成メモとフィッシュボーンを提出させたら，教師はその内容をもとに，［思考・判断・表現］②の評価規準に基づいて想定した「Bと判断する状況」に照らして評価を行う。その際，「Cと判断する状況」の生徒に対しては，「具体的な体験を5W1H（いつ，どこで，誰が，何を，どのように，どうした）を使って書いてみよう。」「○○（紹介すること）の魅力は何かな。」などと共同編集機能でコメント入力を行って返却し，第3時に再提出させる。このような工夫により，支援が必要な生徒に，より重点的な指導を行う。

　第3時は，スピーチの練習をグループで行う。これは協働的な学習ではあるが，教師はグループでの学習の様子を観察し，第4時に［知識・技能］①の評価規準に基づいて評価した場合に「Cと判断する状況」に該当しそうな生徒がいるグループには声をかけ，発表ではどのような点に注意する必要があるかを確認して，互いに助言することを促す。場合によっては，当該生徒に対して個別に「今の声の大きさで教室の後ろの生徒にもしっかりと声が届くかな。」「聞き手に考えさせるように問いかけていたけれど，今の間の取り方で，聞き手は考えることができるだろうか。」などと声をかけて，発表練習の動画を一緒に確認し，生徒の状況に合わせて助言し，書き言葉とは異なる音声の働きや仕組みについての理解を深めさせる。

（2）協働的な学びの充実に向けた視点から

　本単元では，自分の好きなことをクラスの友達にスピーチするための準備の時間を３時間設けている。第４時の個人発表に向けて，個人やグループでの活動を織り交ぜながらスピーチの準備を進めていく。まず，第１時では，個人でスピーチの話題を決めるためにウェビングを用いて考えを広げ，グループで助言し合う。話題を選ぶ際に助言し合うことで，自分では気が付かなかった視点から，伝えたい内容を整理することができたり，聞き手がどのようなことに関心があるのかを踏まえて話題を修正したりすることができる。

　第２時では，ペアを組んでフィッシュボーンの内容をもとにして相手の話題について質問し合う。質問する側は，どのような内容なら相手の魅力がより伝わるかを考えながら，魅力を引き出すための質問をするように心がける。また，聞いて楽しめるポジティブな内容になっているかも確認し合う。友達同士で質問し合うことで，自分では気付かなかったポイントに気付くことができ，より具体的で分かりやすい内容にしたり，聞き手となるクラスメートに興味をもってもらえる内容にしたりすることができる。その後，話の構成についてグループで話し合いながらよりよい構成を考えられるようにする。個人で構成を考えた後に，自分の組み立てた構成メモをグループで画面共有して互いに見合い，どのような構成にするとより発表者の魅力を表現できる内容になるか意見を出し合う。このとき，画面を見合って終わりということがないように，各グループの様子を丁寧に確認し，他の生徒の構成について分かりにくい点や疑問に思う点，丁寧に説明してほしい点を積極的に伝えることを促すようにする。

　第３時の発表練習の際には，４人程度の少人数グループで役割分担をし，よりよいスピーチができるように助言し合う。発表の練習では，同じグループの友達に発表の様子を見てもらって，発表するときの留意点に従って助言してもらうが，このとき，１人１台端末の録画機能を活用することで，どの部分がどのようによかったのか（よくなかったのか）を，複数人で確認しながら指摘し合うことができる。このことにより，指摘する点が同じ箇所であっても，改善するアイデアが数多く生み出されることがある。最初は気が付かなくても，他の生徒の指摘を聞くことで，よりよいアイデアを考え出すことが得意な生徒もいるものである。このようなグループでの対話を重ねることにより，自分一人では気が付かなかった話し方についての留意点を意識して話せるようになる利点がある。

　第４時では，生徒一人一人がクラス全体に向けて発表する。生徒が互いのスピーチを聞くことで，表現方法や話の構成の仕方や工夫について他の生徒から学ぶことができる。まとめでは，互いの発表のよかったところを共有し，友達のことを知ることができて楽しかったという雰囲気をつくることで，スピーチに対して前向きな気持ちにさせるようにして，今後の「話すこと・聞くこと」の学習につなげていきたい。

5　授業の実際

●第1時

　学習を始める前に，小学校で習ったスピーチや話し方の工夫について振り返る。既習事項は生徒によって異なる場合もあるので，知っていることを発表させ共有する。そして，今回の学習内容の見通しをもたせ，クラスメートに興味をもって聞いてもらえるような自己紹介になるように，自分のあまり知られていない一面が伝わる話題を選ばせる。

　個人でウェビング等を用いて話題をできるだけたくさん，具体的に書き出していく。そして，書き出したものの中から話題を決定する際に，4人グループで自分の話そうと思った話題について紹介し検討する。学校の誰もが知っている自分の情報（委員会や部活など）よりも，知り合って間もない友達がまだ知らない自分のことについて特に紹介し，仲良くなるきっかけづくりや自分の印象をよりポジティブなものにするための自己紹介を行うことに留意する。その上で，自分を知ってもらえる話題を決定するために，グループの友達の意見も参考にする。多くの生徒が選びがちな話題として，ゲームやYouTubeが挙げられるが，同じ話題が多くなり自分らしさを伝えにくくなるのを避けるため，友達同士で相談して，例えばYouTubeなら特に何のチャンネルが好きかなどを具体的に取り上げたりするか，もしくは他の生徒と違う話題を選んだりする。また，自分が選んだ話題でも，既に多くのクラスメートが知っている場合もあるので，友達同士で指摘し合って話題決めをする。他には，説明に多くの話題を要するような中になじみのない話題なども今回は避けるようにする。スピーチの話題を選ぶ際には，互いがよりポジティブな関係になれるという目標を大切にする。

○第1時に使用するシンキングツール，フィッシュボーンの書き方の例

　魚の骨のような形の頭の部分にタイトルを記入し，各項目を設けてその下（下段は上）に箇条書きなどで書いていく。

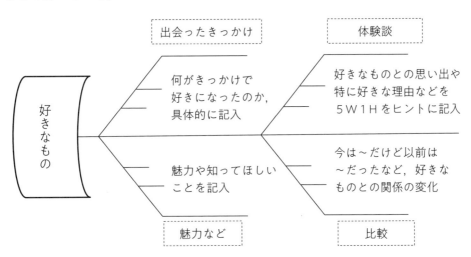

●第2時

　フィッシュボーンに書き込んだことをもとにしながら，ペアで意見交換を行う。まず，フィッシュボーンに書かれたことをもとに，相手への質問をいくつか紙に書く。その質問に回答しながら，自分の話す内容をより具体的にしていく。質問を交流することで，内容をより深めたり，自分の気付かなかったところを加えて内容に広がりをもたせたりすることができる。また，自分の説明だけでは相手に伝わりにくい部分を見つけることもできる。交流で広げ深まった話題の中から，特に自分がクラスメートに伝えたい情報を改めて選び，どのような順番で話すことで相手に楽しんで聞いてもらえるかを考えながら構成メモをつくる。

　構成メモを作成する際に，まずロイロノートのカードに記入して並べ，それを動かしながらよりよい構成について考えていく。

〈例〉

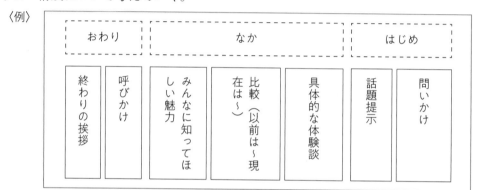

　また，実際に構成メモをもとに話しながら大体の時間を計り，内容についての増減を検討する。

●第3時

　スピーチ練習をする前に，スピーチの留意点や相手を引き付ける話し方などについてクラスで意見を出し合い，スピーチで話すときに大切なことを確認する。

〈例〉・強調したい部分はゆっくり，はっきりと言う。
　　　・聞き手に問いかけた後は，聞き手が少し考えられるように間を取る。
　　　・聞き手の意識を引き付けたいときに，声の大きさや抑揚を変える。

　スピーチ練習は4人程度のグループで行う。発表，動画撮影，時間計測等，役割分担をして進行する。スピーチが終わったら助言を行う。特に，早口になってしまうことが多いので，ゆっくり話すように助言したり，表情に変化をつけるよう促したりする。NHK for School の「スピーチのコツ～間をとろう～」などの動画を参考にして，何度か練習を繰り返す。1人1台端末でスピーチ動画を撮影するときは，雑音等も拾いやすいので，他のグループと撮影の時間をずらしたり，マイクの使用等をすすめたりする。

●第4時

　スピーチ発表会を行う際は，生徒全員が互いのスピーチを評価するための評価表を配付する。

スピーチの評価表（例）

出席番号	話し方			話題			話の構成			コメント(よい点, 共感, 意外性など)・質問
1	A	B	C	A	B	C	A	B	C	
2	A	B	C	A	B	C	A	B	C	
3	A	B	C	A	B	C	A	B	C	

※生徒が評価をつける際は，次に示す「話し方」,「話題」,「話の構成」を参考にする。

○話し方

・声の大きさや抑揚，間の取り方などを工夫して，伝えたいことを強調したり，聞き手の興味を引き付けたりすることができているか。

○話題

・話し手の普段見ることのない姿を知ることができ，親しみを感じられる話題になっているか。

○話の構成

・「好きなこと」の魅力や，その具体的な内容がはっきりと伝わるような話の構成になっているか。

◎コメント欄にはよかったところや今後自分が参考にしたいと思ったこと，または質問など前向きなコメントを書く。

　全員の発表が終わったら，特によかったと思う3人を選び，評価表の出席番号に○をつける。時間があれば数人の生徒からよかった発表者とその理由を聞き全体で共有する。そして，今後のスピーチで参考にしたいことをワークシートの振り返りの欄に記入する。学習のまとめとして，話の構成を考えるときに工夫したことや粘り強く取り組んだことを振り返り，今後どのような場面で話し方の工夫をすることが役立つかを考える。

　今回の授業では，友達の発表を評価しながら聞くことで，スピーチの内容の設定や構成の仕方などを学ぶ機会とする。話題の選択や構成，発表の仕方が違うことにより，聞き手への伝わり方が異なることを知り，工夫によって自分の考えを分かりやすく伝えられることを学ぶ学習にする。また，友達の前で話すことに対して前向きな気持ちになれるような授業にし，今後の「話すこと・聞くこと」の活動につなげていきたい。

（小谷　綾香）

A 話すこと 聞くこと

B 書くこと

C 読むこと

グループ・ディスカッションをしよう
～話題や展開を捉えて話し合う～

02

教材　「話題や展開を捉えて話し合おう　グループ・ディスカッションをする」（光村）
関連教材：「話し合いで理解を深めよう　グループディスカッション」（東書）
　　　　　「発言を結びつけて話し合う」（教出）
　　　　　「グループディスカッション　話題や展開にそって話し合いをつなげる」（三省）

1　単元について

　小学校，中学校での学習の場面で，話し合う機会は数多くある。この単元では，今までの「話し合い」について振り返り，「よりよい話し合い」をするためにはどうしたらよいのか，実際にグループ・ディスカッションを行うことで考えさせたい。

　「話し合い」は，自分の意見を述べるだけ，他者の意見を聞くだけでは成立しない。自分の意見を述べるために考えを整理したり，他者に納得してもらえる意見を述べたりするためには，話題を広く捉え，根拠を明確にして意見を述べる必要がある。また，他者の意見を聞くことで，自分の考えと比較検討したり，時には質問をしたりして，話題に対する理解を深めていくことが大切である。さらに「話し合い」活動を行うことによって，自分の考えをさらに広げ，より深いものにすることもできる。

　本単元のグループ・ディスカッションは，既習の「［話し合い］話し合いの展開を捉える」を受け，話し合い活動の特徴を理解した上での学習となる。主体的・積極的にグループ・ディスカッションに取り組み，よりよい話し合い活動について考えることができるように，以下の二点を設定し，グループ・ディスカッションを行うこととした。

○話題について

　大きなテーマを「学校生活をよりよいものとするために」とし，話題を「学校生活」の中から設定することとした。普段，生徒が共に生活をしている学校生活に話題を求めることで，状況が理解しやすく，共通認識をもって話を進められることが多い。したがって他者との意見交換でも，互いの意見を理解しやすく，自分の考えも述べやすいであろうと考えた。

○役割分担について

　司会と記録については，分担を行うかどうかをグループごとに決めさせることとした。実際に話し合いを行ってみて，司会や記録の役割を理解させ，有効性を考えさせたい。そのため，グループによっては，あえて司会や記録を立てずに，場面に応じて役割を変える話し合いを行うことを選択できるようにした。授業の最終の場面で，司会や記録を立てたグループと立てなかったグループとの違いを確認して，話し合いの質について考えさせていきたい。

ICT の活用場面

[ツール・アプリ等] Google Jamboard　検索ブラウザ　Google ドキュメント　二次元コード

- ●第1時　話し合うテーマを決める。（Google Jamboard）
- ●第2時　話題について，根拠をもとにして意見を書く。（検索ブラウザ，Google ドキュメント）
- ●第3時　グループ・ディスカッションの役割を考える。（二次元コード）
  　　　　　グループで話し合う。（Google ドキュメント）
- ●第4時　グループ・ディスカッションを振り返る。（Google ドキュメント）

2　単元の目標・評価規準

(1)　意見と根拠など情報と情報との関係について理解することができる。

〔知識及び技能〕(2)ア

(2)　話題や展開を捉えながら話し合い，互いの発言を結び付けて考えをまとめることができる。

〔思考力，判断力，表現力等〕A(1)オ

(3)　言葉がもつ価値に気付くとともに，進んで読書をし，我が国の言語文化を大切にして，思いや考えを伝え合おうとする。　　　　　　　　　　　　「学びに向かう力，人間性等」

知識・技能	思考・判断・表現	主体的に学習に取り組む態度
①意見と根拠など情報と情報との関係について理解している。((2)ア)	①「話すこと・聞くこと」において，話題や展開を捉えながら話し合い，互いの発言を結び付けて考えをまとめている。(A(1)オ)	①積極的に互いの発言を結び付けて考えをまとめ，学習の見通しをもってグループ・ディスカッションをしようとしている。

3　単元の指導計画（全4時間）

時	主な学習活動 ★個別最適な学びの充実に関連する学習活動 ●協働的な学びの充実に関連する学習活動	・評価規準と評価方法
1	・今までの学習や話し合い活動を振り返り，単元の目標を確認し，見通しをもつ。 ★テーマ「学校生活をよりよいものとするために」に沿って，マッピングを活用して，グループ・ディスカッションで話し合う話題を考える。 ※ここでのグループは，4〜6人程度のグループのことである。 ●Jamboard で互いの考えを共有して，グループのテーマを	

右側余白：A　話すこと聞くこと　B　書くこと　C　読むこと

		設定する。 • 本時の学習を振り返り，次時の学習内容を聞く。	
2		• 本時の学習内容，目標を確認する。 ★学校図書館の資料，ICT を活用して，グループの話題について，根拠をもとにして意見を書く。 ★意見と根拠を明確にして自分の考えをまとめる。 • 本時の学習を振り返り，次時の学習内容を聞く。	[知識・技能] ① <u>ワークシート②−1</u> • グループの話題に沿って，自分の意見をもち，その意見を支える根拠として適切な情報をまとめている。
3		• 本時の学習内容，目標を確認する。 • 教科書の二次元コードからグループで話し合う例を視聴する。 ★グループ・ディスカッションの特徴を理解して，よりよい話し合いとするための役割分担を考える。 • メモの取り方について確認する。 ●グループごとの話題に沿って，積極的にグループ・ディスカッションを行う。 ●次時の発表を見通し，どのような内容を発表するのか確認し，準備する。 • 本時の学習の目標が達成できたかを振り返る。	[主体的に学習に取り組む態度] ① <u>行動観察</u> • 積極的に意見を述べ，話題や展開を捉えながら話し合おうとしている。 [思考・判断・表現] ① <u>行動観察</u> • 他者の意見を受けて，自分の意見を述べ，話題や展開を捉えながら伝え合っている。 • 自分の考えと他者の考え，互いの考えを結び付けて，話し合いの結果を踏まえて自分の考えをまとめている。
4		• 本時の学習内容，目標を確認する。 • メモを取りながら，他のグループの発表を聞く。 • グループ・ディスカッションの授業を通して，気付いたことや考えたことを書く。 ★「よりよい話し合い」とはどのようなものか，授業を振り返り，自分の考えを書く。 ★他者の考えを聞き，自分の考えをまとめる。 • 単元の授業を振り返り，学習のまとめを行う。	[主体的に学習に取り組む態度] ① • 単元で考えたことをもとに，課題について進んで自分の考えを書こうとしている。

4　個別最適な学びと協働的な学びの充実に向けた指導のポイント

(1) 個別最適な学びを充実させる視点から

　本単元は，グループ・ディスカッションにより，話題や展開を捉えて話し合う活動に取り組む単元である。ここでは，「学校生活をよりよいものとするために」とのテーマから，学校生活において，各自が興味・関心のある話題を選び，グループで話し合わせることにした。

　第1時では，まずはマッピングにより，個人で学校生活における興味・関心のある事柄を思いつくままに挙げていく。その後，1人1台端末でGoogle Jamboardを活用し，各人が考える話題に関連した言葉を付箋に入力して共有の画面に貼り付けながら整理し，グループで話し合う話題を決めさせた。身近な学校生活から話題を決めるといっても，生徒一人一人の興味・関心やキャリア形成の方向性等によっては，「部活動」や「生徒会活動」「学習」「友人関係」と様々な話題が考えられる。教師が一律に決めてしまうと話し合いに参加しにくくなる生徒もいるかもしれない。ここでは，できる限り生徒一人一人の興味・関心等を生かした話題を設定することで，生徒が主体的に話題について考え，話し合いに参加できるようにしたい。今回は，グループごとに話題を決めさせたが，学校の実態によっては，最初に生徒一人一人が話し合いたい話題をある程度決めた後に，学級全体で同じような話題の生徒同士でグループを形成して話し合わせてもよいだろう。

　第2時では，意見と根拠を明確にして自分の考えをまとめる時間とした。生徒の興味・関心等や得意とする学習の進め方に応じて，様々な媒体の中から必要な情報を得られるようにした。紙媒体の方が情報の収集を効果的に行うことができるという生徒のために，前もって学校図書館司書と連携を図り，生徒が設定した話題に沿った本や新聞，雑誌などの資料を手に取れるようにした。また，検索ブラウザの方がよいという生徒のために，1人1台端末を利用し，調べたいことを即座に調べられるようにも設定した。しかし，このように様々な準備をしていても，実際には，どのように調べたらよいか分からずに困る生徒もいるはずである。教師は，活動に取り組む生徒の状況を丁寧に観察し，困っている様子が見られる生徒には声をかけ，その生徒の興味・関心等を聞き出しながら，必要な情報を得られるよう，重点的な指導を行っていく。

　第3時では，実際にグループ・ディスカッションを行わせるが，話し合いにおける役割も，生徒が今までの話し合い活動を振り返り，司会や記録といった役割を決めて話し合うかどうかを選択できるようにした。話し合い活動では，司会や記録といった役割を固定して話し合わせることで，活発でスムーズな話し合いが行われると考えられる。しかし，今回のように少人数での話し合いの場合，あえて司会を立てず，話し合いの状況に応じて司会の役割を生徒自身が判断し担っていくことで，主体的に話し合い活動に臨むこともできるだろう。どちらの方が効果的に話し合いを進めることができるかは，グループを構成する生徒の特性等によっても異なるため，教師が一律に決めることはせず，これまでの話し合いの経験を生かして，生徒たちに

考えさせ，学習の調整を図ることを促した。

（2）協働的な学びの充実に向けた視点から

　話し合い活動では，考えたことを互いに伝え合うことで，自分の考えを広げたり，深めたりすることができる。他者が自分の考えと同じであれば，自分の考えをより確かなものにすることができるし，異なる考えをもっていれば，物事を逆の立場から見つめたり，多面的に捉えたりしていくきっかけとなる。そのためには，個人で自らの考えを確実にもつ場面を設定した上で，他者と考えを共有しながら広げていく場面を設定し，その後，再度，話し合いの内容を振り返りながら自分の考えを再構築して深める場面を設定する。このことで，自分の考えがより磨かれていくことを実感させたい。

　第1時では，学校生活における興味・関心のあることを，まずは個人で挙げさせ，思いつくままに挙げた事柄を結び付け，その後，グループ・ディスカッションにふさわしい題材をグループで選んでいく。Google Jamboard を利用し，付箋を共有することで，話題設定が難しいと思う生徒にとっても，他者の付箋を参考にしながら考えの幅を広げられるようにした。

　話題設定については，個人から出された案について，多数決でどれか一つを選ぶという方法ではなく，なるべく多くの案を包括するような話題が設定できないかを考えていく場としたい。今後の学習内容である「合意形成に向けた話し合い」につながっていくように，互いの考えを結び付けて自分の考えをまとめていける話し合いとなるよう指導していきたい。

　第3時では，互いの考えを結び付けて自分の考えをまとめるときには，他者の意見を尊重し，他者に学ぶ気持ちをもつことで，自分の考えもより深いものとなっていくことを実感させたい。生徒の学習活動を見ていると，教師が指摘しなかったとしても，生徒同士で違いを指摘していたり，熱く議論を交わし語っていることがある。生徒が，明確な目標に向かって，協働して学習に取り組むことで，主体的に学習に取り組む姿勢が培われていくように思われる。その一つ一つの場面で，支援する姿勢で生徒の学ぶ意欲を育てていきたい。

　第4時では，グループでの話し合いの様子を全体で共有することで，「よりよい話し合い」について考えさせる。自分たちのグループで話し合いをして終わりではなく，他のグループの発表を聞き，自分のグループの発表内容と重ね合わせたり対比させたりして，自分たちで設定したテーマは適切なものだったか，司会や記録の役割とはどのようなものなのか，ディスカッションは活発に行えたか，と学習を振り返ることで，今後の話し合い活動に生かせるように指導することが大切である。

5　授業の実際

●第1時

第一学年国語プリント　話題や展開を捉えて話し合おう　グループ・ディスカッションをする

ワークシート①　　一年　　組　　番　氏名

学習の目標
・意見と根拠を明確にして話し合う。
・話題や展開を捉えながら話し合い、互いの発言を結び付けて考えをまとめる。

◎学校生活をより良いものにするために、グループ・ディスカッションを行い、考えてみよう。
・グループ・ディスカッションとは　グループで時間を決めて話し合い、考えを広げたり深めたりしながら意見をまとめ、全体に報告する方法。

○グループ・ディスカッションで話し合う話題を決めよう。

0、今まで行った話し合いについて振り返ってみよう。
　↓どんなときに話し合いを行ったか、話し合いをしてみてよかったこと、など

1、話題を考えよう。

テーマ
学校生活をより良いものとするために

☆　マッピングを見ながら、自分たちのグループで話し合ってみたいことを話題に設定しよう。
「学校」から連想するものを、裏面のマッピングに書き出してみよう。
学校生活で気になっていること、改善したいこと、話し合ってみたいこと、など

2、テーマを設定しよう。
　↓Jamboardに思いつくまま、たくさんの付せんを貼りましょう。
　↓Jamboardの付せんから、グループのテーマを決めよう。

わたしたちのグループ・ディスカッションの話題

ワークシート①裏面　　一年　　組　　番　氏名

マッピング

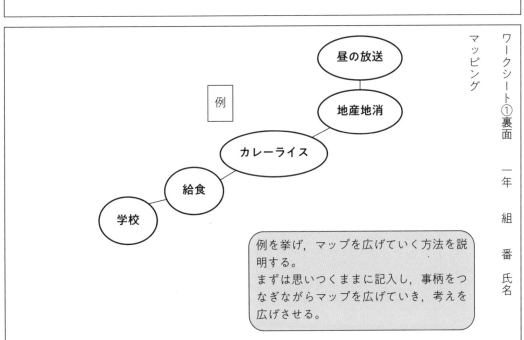

例

例を挙げ，マップを広げていく方法を説明する。
まずは思いつくままに記入し，事柄をつなぎながらマップを広げていき，考えを広げさせる。

●第2時

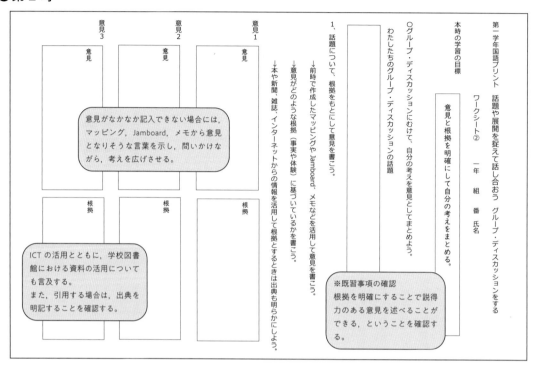

第一学年国語プリント　話題や展開を捉えて話し合おう　グループ・ディスカッションをする

ワークシート②　　一年　　組　　番　氏名

本時の学習の目標

意見と根拠を明確にして自分の考えをまとめる。

○グループ・ディスカッションにむけて、自分の考えを意見としてまとめよう。

わたしたちのグループ・ディスカッションの話題

1、話題について、根拠をもとにして意見を書こう。

→前時で作成したマッピングやJamboard、メモなどを活用して意見を書こう。

→意見がどのような根拠（事実や体験）に基づいているかを書こう。

→本や新聞、雑誌、インターネットからの情報を活用して根拠とするときは出典も明らかにしよう。

※既習事項の確認
根拠を明確にすることで説得力のある意見を述べることができる、ということを確認する。

意見がなかなか記入できない場合には、マッピング，Jamboard，メモから意見となりそうな言葉を示し、問いかけながら、考えを広げさせる。

ICTの活用とともに、学校図書館における資料の活用についても言及する。
また、引用する場合は、出典を明記することを確認する。

意見3　意見

意見2　意見

意見1　意見

根拠

根拠

根拠

●第3時

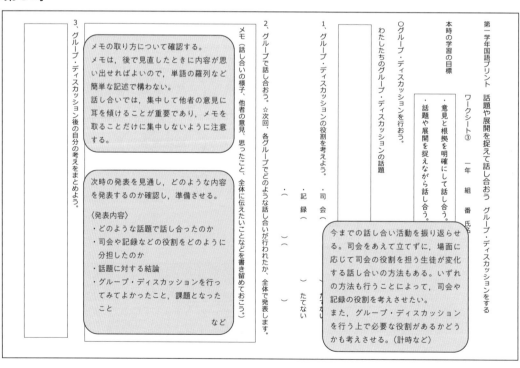

第一学年国語プリント　話題や展開を捉えて話し合おう　グループ・ディスカッションをする

ワークシート③　　一年　　組　　番　氏名

本時の学習の目標

・意見と根拠を明確にして話し合う。
・話題や展開を捉えながら話し合う。

○グループ・ディスカッションを行おう。

わたしたちのグループ・ディスカッションの話題

1、グループ・ディスカッションの役割を考えよう。・　司　会（　　　）
　　　　　　　　　　　　　　　　　　　　　　　　・　記　録（　　　）たてない

今までの話し合い活動を振り返らせる。司会をあえて立てずに、場面に応じて司会の役割を担う生徒が変化する話し合いの方法もある。いずれの方法も行うことによって、司会や記録の役割を考えさせたい。
また、グループ・ディスカッションを行う上で必要な役割があるかどうかも考えさせる。（計時など）

2、グループで話し合おう。☆次回、各グループでどのような話し合いが行われたか、全体で発表します。

メモ（話し合いの様子、他者の意見、思ったこと、全体に伝えたいことなどを書き留めておこう）

メモの取り方について確認する。
メモは、後で見直したときに内容が思い出せればよいので、単語の羅列など簡単な記述で構わない。
話し合いでは、集中して他者の意見に耳を傾けることが重要であり、メモを取ることだけに集中しないように注意する。

3、グループ・ディスカッション後の自分の考えをまとめよう。

次時の発表を見通し、どのような内容を発表するのか確認し、準備させる。

〈発表内容〉
・どのような話題で話し合ったのか
・司会や記録などの役割をどのように分担したのか
・話題に対する結論
・グループ・ディスカッションを行ってみてよかったこと，課題となったこと
　　　　　　　　　　　　　　　　など

●第4時

第一学年国語プリント　話題や展開を捉えて話し合おう　グループ・ディスカッションをする

ワークシート④　一年　組　番　氏名

本時の学習の目標

○他のグループの発表を聞いて、グループ・ディスカッションを振り返り、より良い話し合いの仕方について考えよう。

| 互いの考えを結び付けて考えをまとめる。 |

1、他のグループの発表がどのようなものだったか、書き留めておこう。（メモ）

発表メモ	G	1	2	3	4	5	6	7

> 前時で確認した，メモの取り方について思い出させる。

メモ
☆発表内容だけではなく、発表を聞きながら気付いたことや思ったことがあればメモしておこう。

ワークシート④裏面　一年　組　番　氏名

2、グループ・ディスカッションを行って、気付いたことや考えたことを書こう。

3、他のグループの発表を聞いて、気付いたことや考えたことを書こう。

4、「より良い話し合いの仕方」とはどのようなものか、授業を振り返り、考えたことを書こう。

> 授業で作成してきたワークシートを見ながら記入させる。

> 途中で、記入したものを数人の生徒に発表させる。なかなか記入ができない生徒には、聞きながら、なるほどと思ったことや自分もそう思った、そう考えたという内容があれば自分の言葉で記入するよう指示する。また、他者の考えを聞いて追加したり、訂正したいことがあれば，加筆，修正して構わないことを伝える。

（結城　圭絵）

この給食，いかがですか？
～「リクエスト給食」に選んでもらおう～

03

教　材　「情報を整理して書こう　わかりやすく説明する」（光村）

1　単元について

　この単元は，生徒が中学生になって初めての本格的な「書くこと」の領域に設定したものである。文章を書くことが得意な生徒もいれば苦手な生徒もいるが，原稿用紙を前にしたときに「何を書けばよいのか」と悩むことがないように目的を明確にし，身近な事例から書くことができるように多くの生徒が好きな給食を題材にした。情報を整理することにおいては，本教材の直前にある「情報整理のレッスン　比較・分類」を参考にさせた。

　また，「自分のおすすめする給食を紹介し，それを学年のみんなに選んでもらえたら，給食にリクエストできる」というかなり具体的な設定を用い，相手意識・目的意識を明確にもたせることで，分かりやすい説明のための生徒の工夫を引き出した。それぞれが自分のおすすめする給食を紹介し，それが相手の発表するおすすめ給食以上においしそうであり，みんなに食べたいと思ってもらわないといけない。そのためには，自分の好きな給食メニューをどのような観点で評価し，いかにおいしさが伝わるように説明することができるかを目指す活動となる。

2　単元の目標・評価規準

⑴　比較や分類，関係付けなどの情報の整理の仕方について理解を深め，それらを使うことができる。

〔知識及び技能〕⑵イ

⑵　目的や意図に応じて，日常生活の中から題材を決め，集めた材料を整理し，伝えたいことを明確にすることができる。　　　　　　　　〔思考力，判断力，表現力等〕B⑴ア

⑶　読み手の立場に立って，表記や語句の用法，叙述の仕方などを確かめて，文章を整えることができる。　　　　　　　　　　　　　　〔思考力，判断力，表現力等〕B⑴エ

⑷　言葉がもつ価値に気付くとともに，進んで読書をし，我が国の言語文化を大切にして，思いや考えを伝え合おうとする。　　　　　　　　　　　「学びに向かう力，人間性等」

ICT の活用場面

[ツール・アプリ等] Google ドキュメント

●第3時　文章の下書きを書く。

　　　　　提案モードを活用してコメントを書き合う。

●第5時　文章の下書きを書く。

知識・技能	思考・判断・表現	主体的に学習に取り組む態度
①比較や分類，関係付けなどの情報の整理の仕方について理解を深め，それらを使っている。((2)イ)	①「書くこと」において，目的に応じて，日常生活の中から題材を決め，集めた材料を整理し，伝えたいことを明確にしている。（B(1)ア） ②「書くこと」において，読み手の立場に立って，表記や語句の用法，叙述の仕方などを確かめて，文章を整えている。（B(1)エ）	①粘り強く文章を整え，今までの学習を生かしてクラスメートにおすすめする文章を書こうとしている。

3　単元の指導計画（全6時間）

時	主な学習活動 ★個別最適な学びの充実に関連する学習活動 ●協働的な学びの充実に関連する学習活動	・評価規準と評価方法
1	• ねらいと単元の流れの確認をする。 　本時の目標：情報を収集，整理し，「リクエスト給食」を決定する。 • 観点を考える。 • 献立表の情報を整理する。 • おすすめ給食を決める。 • 単元学習シートを書く。	[知識・技能] ① <u>ワークシート</u> • 給食の献立表の情報について，主食，副食，デザート等の観点から比較，分類，関係付けなどを行いながら整理している。
2	• 本時の目標を確認する。 　本時の目標：自分の決定した「リクエスト給食」の情報を収集，整理する。	[思考・判断・表現] ① <u>ワークシート</u> • リクエスト給食をおすすめすると

	・使用する観点を決める。 ・情報を集める。 ・構成を考え，情報を整理する。 ・単元学習シートを書く。	いう目的に沿って情報を整理し，自分が伝えたい内容を明確にしている。
3	・本時の目標を確認する。 　本時の目標：下書きを読み合い，その文章についてグループで話し合う。 ・400〜600字程度で Google ドキュメントに下書きを書く。 　（★支援が必要な生徒にヒントプリントが配られる。） ●下書きを読み合い，Google ドキュメントの提案モードでコメントを記入していく。 ●グループで話し合いながら，コピーアンドペーストした原稿を推敲する。 ・単元学習シートを書く。	［思考・判断・表現］② <u>Google ドキュメント</u> ・伝えようとすることが読み手に伝わるかどうかを確かめながら，語句の選び方や使い方が適切か，段落の順序，語順などが適切かを考えて下書きを修正している。
4	・本時の目標を確認する。 　本時の目標：原稿用紙に清書をし，文章を発表し合う。 ・前回の話し合いをもとに，原稿用紙に清書する。 ・発表し合い，コメントを書く。 ・単元学習シートを書く。 　（原稿は学年分を冊子にして配付する。）	［主体的に学習に取り組む態度］① <u>単元学習シート</u> ・自分が伝えたい内容を読み手に納得してもらえるように文章を整える際に，工夫してうまくいった点や難しかった点を振り返り，次に書く文章に生かそうとしている。
5	・本時の目標を確認する。 　本時の目標：「自分のおすすめするもの」の情報を収集，整理し，下書きし，推敲をする。 ・宿題として考えてきた「自分のおすすめするもの」の観点を考える。 ・情報を収集，整理しながら構成を考える。 ・400字程度で Google ドキュメントに下書きを書き，推敲する。 ・単元学習シートを書く。	［思考・判断・表現］① <u>ワークシート</u> ・「自分のおすすめするもの」の観点に沿って，収集した情報を整理し，自分が伝えたい内容を明確にしている。
6	・本時の目標を確認する。 　本時の目標：原稿用紙に清書をし，文章を発表し合う。 ・原稿用紙に清書し，発表し合う。 ・学習を振り返る。 ・単元学習シートを書く。	［思考・判断・表現］② <u>清書した文章</u> ・伝えようとすることが読み手に伝わるかどうかを確かめながら，語句の選び方や使い方が適切か，段落の順序，語順などが適切かを考えて下書きを修正している。

4 個別最適な学びと協働的な学びの充実に向けた指導のポイント

(1) 個別最適な学びを充実させる視点から

　本単元では，自分のおすすめする給食を相手に伝えて納得してもらうための文章を書くことを通して，「集めた材料を整理し，伝えたいことを明確にする力」と「読み手の立場に立って，表記や語句の用法，叙述の仕方などを確かめて，文章を整える力」を重点的に育成する。

　第1時では1人1台端末を利用して，4月に入学してから本単元を学習するまでの間の献立と，毎日栄養士の方が学校ホームページに上げる給食画像を確認するところから始めた。生徒一人一人が自分の興味・関心に合わせて，主体的に材料を集めて整理し，伝えたい内容を明確にすることができるようにするためである。また，このことにより，どのような材料を選んだらよいか分からずに困っている生徒に対して，「この月の給食で気になるものはあるか」「この献立とあの献立ならどちらが好きだったか」などと具体的な助言を行うことができるようにした。

　第3時では，Google ドキュメントを使用して下書きを作成するに当たって，最初からモデル文を一律に提示すると，主体的に工夫したい生徒にとってはかえって学習を進めることが難しい場合もあることから，まず下書きを書かせて，書き始めることが難しい生徒に対して個別に重点的な指導を行うことにした。そのため，書き始めのモデルを書いた参考資料を事前に用意した。「チーズパン。それは……」「ここまでおいしい給食は他にありません。それというのも……」「これぞまさに春の味。そう感じさせてくれるのは……」などという，読み手の興味を引くような，10種類程度の短文である。どう書けばよいのか戸惑っている生徒に対しては，必要に応じて声をかけて，この参考資料を渡して考えさせ，「文章が書き出せた」という自信を与えたい。

　書き進めていく中で，困っている生徒に対しては，教師があらかじめ作成しておいたモデルの文章を印刷したものをヒントプリントとして配り，一緒に見ながら声かけを行う。文章の下の余白に，分かりやすく魅力的な文章の工夫をどのようにしているのかの例を書き込んでいるので，音声だけでなく視覚情報で確認ができるようにした。それを自分のワークシートと比べさせ，具体的な書き方を一緒に探っていく。このような工夫を行うことにより，支援が必要な生徒が自信をもって「書けた」と思える状況になるよう指導を行う。

　また，第3時に Google ドキュメントで推敲した文章を提出させ，教師が確認し，推敲しても全く変化が見られず，「Cと判断する状況」の場合には提案モードで助言を入力し，次の時間の清書を行う際に，再度，適切な推敲を行うことができるようにする。このような生徒については，第4時の清書を改めて評価し，改善された点をフィードバックすることも大切である。

　第5時及び第6時では，それまでに学んだことを用いて，「自分のおすすめ」を紹介する文章を書かせた。おすすめする題材は，日常生活の中から，個人の興味・関心に応じて自由に選

ばせる。この「自分のおすすめ」作文を書くことは単元の最初に予告しておくので、「リクエスト給食」の作文を書きつつも、その学習で学んでいることを生かして、家庭学習として「自分のおすすめ」するものだったらどのような材料で書くとよいか考え、事前に材料を収集、整理しながら伝えたい内容を明確するなど、自ら学習を調整することができるようにした。

(2) 協働的な学びの充実に向けた視点から

　第3時では完成した下書きをグループ内で読み合い、気付いたことをお互いにGoogleドキュメントの提案モードで書き込みし合う。しかし、これは自分が読み手の立場に立って推敲する視点を得るための活動であることに留意させ、他の生徒から指摘されたことを全て採用するのではなく、自分で明確に推敲の視点をもった上で、文章を修正することが大切だと指導する。

　その際、書き込みをしただけで、無言で終わってしまわないように指示をすることが必要である。国語用に編成したグループでは、単元ごとに司会、書記、なんでも係、などとそのときに必要な係をローテーションで担当させるが、本時の司会のもと、コメントを書き込みし合ったら、その後、一つ一つのコメントについて、書き込んだ生徒がその意図を丁寧に説明していくように促す。もちろん、あらかじめ書き込んだコメントを読み上げてもよいが、声に出すことで「その箇所は確かに分かりにくく感じるから、修正した方がよいだろう。」「その指摘は、あまりよくないのではないか。」などと意見交換をできるようにするためである。生徒の学習を「主体的・対話的で深い学び」に向かうものにするためにも、教師は各グループの様子を観察しながら丁寧に机間指導を行いたい。このように、自分の下書きを推敲するに当たって取り入れる意見をしっかりと考える時間を設けることによって、本単元で目標とする「読み手の立場に立って、表記や語句の用法、叙述の仕方などを確かめて、文章を整える力」を確実に身に付けさせることができると考える。

　なお、その際、効果的に学習を進めるための工夫として、交流に入る前に、Googleドキュメントの下書きの文章を、続きのページにコピーアンドペーストさせておく。このことによって、修正箇所について話し合いながら、続きのページに貼り付けた文章の方を上書きして直しながら、推敲案を作成させるとよい。こうすることで、生徒は、交流前の文章と交流で修正した文章とを見比べながら、清書を効果的に行うことができる。また、教師も、その二つの文章を見比べ、生徒の推敲が［思考・判断・表現］②の評価規準に基づいて想定した「Bと判断する状況」に該当するかどうかを適切に評価することができる。

5 授業の実際

●第1時
・単元学習シートを見ながら全体の流れを確認し，学習の見通しをもつ。
・自分が食べたいと思うものには，どのような理由があるのかを考える。SNS で見る画像，夕方の飲食店紹介のニュース，部活のお弁当など，教師が多く挙げる例をもとに次々と答えていく。
・実際に情報を整理する前に，教科書 p.32，33を振り返って比較，分類の確認をする。
・1人1台端末で4・5・6月の献立と，栄養士の方が毎日学校ホームページに上げている給食画像を確認し，今まで食べたことのある献立から「おすすめ給食」を選ぶことを確認する。
・3か月分の給食の情報を整理する。主食，副食，デザートに分類し，それぞれどのような特徴があるのかを確認しつつ，自分はどれを選ぶのかを考える。
・自分がおすすめする「リクエスト給食」を決定する。

●第2時
・自分のおすすめする「リクエスト給食」の観点を考える。
・1人1台端末を使用して，必要な情報を収集，整理する。
・教科書 p.36，37で，どのような構成があるのかを確認し，どの構成で書くのかを考える。
・引用の仕方，出典の示し方を，教科書 p.267で確認する。

●第3時
・第2時で作成したワークシートの構成案を参考にしながら，Google ドキュメントに下書きをする。
・なかなか文章が進まない生徒は，ヒントプリントとして，教師が作成した給食作文を印刷したものをもらい，見比べながら考える。
・国語班になり，Google ドキュメントを開いてお互いの下書きを読み合い，提案モードでコメントを書き込みし合う。
・書き込みが一段落したら，司会の進行でそれぞれの下書きに対するコメントに対しても意見を交わし合う。その際，本人は続きのページに下書きをコピーアンドペーストし，自分が直したいと思う箇所を随時書き換えて推敲していく。受ける意見を全て取り入れるのではなく，納得するものだけを取り入れるように重ねて意識する。また，なぜそう変えたのかを単元学習シートにメモする。

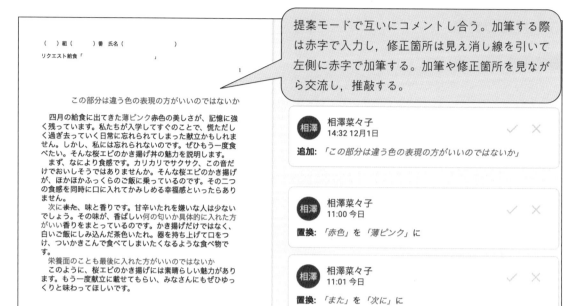

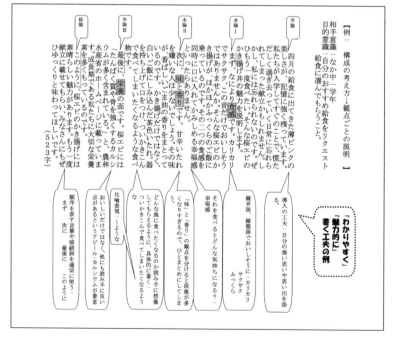

ヒントプリント

●第 4 時

・Google ドキュメントの下書きをもとに，原稿用紙に清書する。

・グループを変え，発表し合い，コメントを書き合う。

・全体で何人か発表する。（全ての原稿は冊子にして後日配付する。）

●第 5 時

・「リクエスト給食」の作文の今までの流れを振り返り，それを今度は「自分のおすすめする
もの」の作文に反映させることを確認する。（第 1 時から予告しているので，生徒はおすす
めするものを家庭学習の時間を活用して決めておく。）

・観点を考え，1 人 1 台端末を使用して情報を収集，整理する。

・構成を考え，序論，本論，結論の内容を考える。

・Google ドキュメントを用いて400字程度で下書きをし，推敲する。

●第 6 時

・Google ドキュメントの下書きをもとに，原稿用紙に清書する。

・グループで発表し合い，コメントを書き合う。

・全体で何人か発表をする。（全ての原稿は冊子にして後日配付する。）

・学習の振り返りをする。

（相澤菜々子）

意見文を書いて情報を発信しよう 04

教　材　「根拠を明確にして意見文を書く」（教出）
関連教材：「情報を整理して書こう　わかりやすく説明する」（光村）

1　単元について

　この単元では，今，世間で大きく話題になっているSDGsをテーマにして，自分の考えを書かせる学習を設定した。2015年国連サミットで採択された，「持続可能な開発のための2030アジェンダ」に記載された国際的な目標を題材とする。これからの未来，地球上の人々が平和に暮らすための産業やテクノロジーの発展，そしてその推進のためには，教育と食料が行き渡り，誰もが健康で平等に暮らせる「社会」が必要となる。ここでは，それら全ての土台となるのは，持続可能な「環境」であるという考えによってつくられたSDGsの17のテーマをもとにして，各自が自分の課題を見つけ，その解決に向かい，自ら考え，そして行動ができるように自分の考えを根拠となる情報を関連付けて書かせる。その際，お互いの考えを話し合うことで，自分の考えを整理し，このテーマを自分のこととして考え，中学1年の今の自分に何ができるかを将来に向けて考え宣言する意見文を書かせる単元として設定した。

2　単元の目標・評価規準

(1)　原因と結果，意見と根拠など情報と情報との関係について理解することができる。

〔知識及び技能〕(2)ア

(2)　目的や意図に応じて，社会生活の中から題材を決め，多様な方法で集めた材料を整理し，伝えたいことを明確にすることができる。　　〔思考力，判断力，表現力等〕B(1)ア

(3)　根拠を明確にしながら，自分の考えが伝わる文章になるように工夫することができる。

〔思考力，判断力，表現力等〕B(1)ウ

(4)　言葉がもつ価値に気付くとともに，進んで読書をし，我が国の言語文化を大切にして，思いや考えを伝え合おうとする。　　　　　　　　　　　　「学びに向かう力，人間性等」

ICT の活用場面

[ツール・アプリ等] 検索ブラウザ　Google スライド　ドキュメント

●第1時　情報を検索する。（検索ブラウザ）
●第2時　自分の考えをまとめる。（Google スライド）
●第3時　文章の下書きを書く。（Google ドキュメント）
●第4時　意見文を書く。（Google ドキュメント）

知識・技能	思考・判断・表現	主体的に学習に取り組む態度
①原因と結果，意見と根拠など情報と情報との関係について理解している。((2)ア)	①「書くこと」において，目的や意図に応じて，社会生活の中から題材を決め，多様な方法で集めた材料を整理し，伝えたいことを明確にしている。（B(1)ア） ②「書くこと」において，根拠を明確にしながら，自分の考えが伝わる文章になるように工夫している。（B(1)ウ）	①進んで根拠を明確にし，学習課題に沿って意見文を書こうとしている。

A 話すこと 聞くこと B 書くこと C 読むこと

3　単元の指導計画（全5時間）

時	主な学習活動 ★個別最適な学びの充実に関連する学習活動 ●協働的な学びの充実に関連する学習活動	・評価規準と評価方法
1	・SDGs の17の目標について理解する。 ★今まで読んだ本や見たテレビのニュース，他教科の学習等から，どの目標についてなら自分は意見をもてるか考える。 ・考えがまとまらない場合には追加の資料を読み，考える。 ・選んだ目標について情報を集める。インターネットや書籍を活用する。 ・自分が選んだ目標について，とりあえず考えたことをスライドにまとめる。（あくまで下書きとしてのスライドなので，考えを整理することを優先し，美しさ等は求めない。）	
2	●自分が選んだ目標についてグループで話し合う。（スライドを使用） ・自分の選んだ課題と，とりあえず考えたことを順番に発表する。お互いの意見交換の中で，信頼できる複数の情報が	[思考・判断・表現] ② ワークシート ・SDGs の目標から自分の意見文の題材としてふさわしいものを決め，

	取れる課題なのか，また意見がまとめられそうな課題なのかを吟味する。	インターネットや書籍等から収集した情報を整理し，伝えたいことを明確にしている。
3	★目標に向けての意見文（中学生の今，自分は何ができるか）を書くため，自分が選んだ課題について集めた情報の中から使える情報を選ぶ。 ・複数の情報を使う。 ・できるだけ多様な媒体からの情報を集める。（官公庁の資料，統計，書籍，新聞記事等） ・情報の信憑性，普遍性等について吟味し，多様な角度からの信頼性の高い情報を扱うようにする。 ・情報を吟味して選び，効果的に使って，自分の意見を組み立てる。	[知識・技能] ① <u>ワークシート</u> ・自分の意見を支える根拠としてふさわしい情報を複数集めている。
4	・「中学生の今，自分は何ができるか」というテーマで意見文を書く。 ・1人1台端末を使用し，ドキュメントに自分の意見文を書く。 ・根拠となる部分として，集めた情報を複数，引用する。 （作文の苦手な生徒には空欄のある文の形になっているワークシートを配付し，使用させる。（p.53参照）また，生徒の選択した課題について，教師の用意した情報を与えたり，情報の取得方法についての具体的な助言をしたりする。）	[思考・判断・表現] ② <u>意見文</u> ・集めた情報から自分の意見を支える根拠として必要な部分を引用し，自分の考えが伝わるように文章を書いている。
5	●できあがった意見文を互いに読み合い，感想を交流する。 ・単元の学習を振り返る。	[主体的に学習に取り組む態度] ① <u>観察・ワークシート</u> ・本単元の学習を通して，自分の意見の根拠を明確にし，学習課題に沿って意見文を書くために試行錯誤したことを振り返り，次の学習に生かそうとしている。

4　個別最適な学びと協働的な学びの充実に向けた指導のポイント

(1) 個別最適な学びを充実させる視点から

　本単元では，地球規模で話題となっているSDGsの17の目標の中から，それまでの学習や日常生活等の経験で得た興味・関心・キャリア形成の方向性等に応じ，自分が考えたい目標を題材として選ばせることで生徒が主体的に学習に取り組むことができるようにしている。また，SDGsについて自分の意見を述べる文章を書くことを通して，根拠を明確にしながら，自分の考えが伝わるような文章になるように工夫する力を重点的に育成することを目指している。その際，1人1台端末を活用して，情報収集したり，自分の考えをまとめたりするのに検索ブラウザとGoogleスライドを活用した。

　第1時では，SDGsの17の目標の中から自分の意見文の題材を決めることが難しい場合には，教師の助言が必要となる。生徒の学習進度を丁寧に確認しながら，必要に応じて重点的に指導していく。その際，自分が興味・関心のある目標を見つけるための補助となる資料（p.52参照）を提供できるようにする。資料は，17の目標から自分が考えられるヒントとなる情報にたどりつくようなものとした。キーワードとして（国連，SDGsすごろくなど）簡単な言葉から，検索ブラウザによる情報検索の糸口を見つけさせ，それぞれが自分の題材に関する情報を収集することができるようにした。また，情報を検索しながら自分の考えをもち，根拠となる部分を選び資料を読み込むこともできる。生徒の考えが十分ではなくても，まずはその考えを尊重して進めていくようにする。授業の展開の中で自分の考えを修正しながら完成させていくようにしたい。その考えをスライドにまとめることで，自分の頭の中にある考えを，資料の中のキーワードなどを使って図などにまとめ，整理できるようにする。スライドは文章を書く前のメモという形で活用することもできる。第2時ではそのスライドを使って自分の考えをグループで交流する。

　第2時では，第1時に自分が選んだSDGsの目標に関して自分が考えたことをスライドにまとめ，他者の意見を聞く。この活動によって，第1時に考えた意見を変えたくなる生徒も出てくるであろう。このような場合は，第1時に選んだSDGsの目標を変更することも可能とした。その上で，第3時では，自分の意見を支える根拠となる情報を集めさせる。情報は多数あると思われるが，出典の吟味や引用の仕方など，各自が検討し，自分が集めた情報を比較しながら，意見文を書く準備を行わせる。この準備が授業時間内に終わらない場合は，家庭学習の課題として取り組ませることで，一人一人の特性や学習進度等に応じて学習を進められるようにする。

　第4時では，意見文を書き始めるが，なかなか書き出せない生徒には，あらかじめ用意しておいた書き出しの文のワークシートを個別に配付し，重点的に指導することとした。

（2）協働的な学びの充実に向けた視点から

　第2時では，それぞれ自分が題材として選んだSDGsの目標に対する考えをスライドにまとめて発表する。スライドの作成手順は，自分が考えたことを中心に自由に書かせ，自分の考えがグループに伝わるように工夫させる。この学習活動は，意見文を書くための準備の段階なので，自分の考えを整理する場として位置付けている。スライドはグループで互いにドライブを共有する形で行ったり，色を変えてそれぞれがスライドにコメントを書き込んだりするなど，各グループで学習の進め方を工夫させる。ただし，単に画面上で他の生徒の考えを確認して終わるのではなく，それぞれの考えたことを口頭で説明させるとともに，その説明を聞いて理解できない点や疑問に思う点については，納得できるまで質問をするように促す。このような双方向のやり取りを通して他者と交流することで，自分の考えを見直したり，広げたり，深めたりすることができるようにする。また，他の生徒と考えを交流してそのよさを理解し，よい点については自分の考えの参考にすることなどを通して，異なる考え方を組み合わせ，よりよい学びを生み出していくことができるようにしたい。

　第5時では，書き上げたドキュメントを共有して読み合う学習活動を設定している。ここでも，単に画面を共有して終わりにならないようにしたい。そこで，互いの文章を検証し合い，よい点や改善点についてしっかりと伝えられるように，①文章には，意見を支える根拠が明確に示されているか，②そのことにより書き手の意見が分かりやすく伝えることができているかという観点を教師が示し，その観点に沿って感想を伝え合わせる。このように，自分が書いた意見文について，単元の学習の目標に沿った観点から助言をもらうことで，目標としていた資質・能力を身に付けることができたのかということを客観的に振り返らせたい。

　また，本単元の言語活動は，「個人のつくったスライドを持ち寄り，その中からみんなで一つを選択し，それを練り上げながら一つの文章をつくる」とすることもできる。さらに，「スライドはみんなで練り上げ，それをもとに各自が文章を書き上げる」とすることも考えられる。このように生徒の実態に合わせ，グループ活動と個人活動を自在に組み合わせることができる。目的を達成できる最も適切な方法を選ぶようにしたい。

5 授業の実際

●第1時

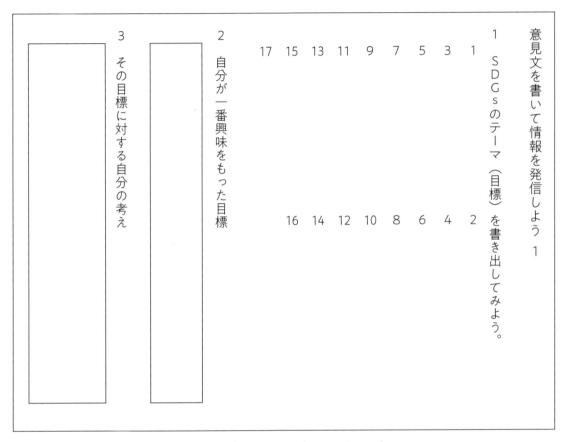

意見文を書いて情報を発信しよう 1

1 SDGsのテーマ（目標）を書き出してみよう。

17 15 13 11 9 7 5 3 1

16 14 12 10 8 6 4 2

2 自分が一番興味をもった目標

3 その目標に対する自分の考え

A 話すこと 聞くこと
B 書くこと
C 読むこと

SDGs の目標を明らかにするワークシート

　自分のテーマを考える際には，SDGs のテーマを上記のワークシートに写しながら，認識することで，各自が SDGs の内容を再確認することができ，自分のイメージができあがる。後に自分自身の考えをまとめるときの根幹になるように丁寧に行わせたい。書けない生徒には次ページの資料を与え，各自の興味や関心があるものを思い起こさせる。その上で，まず感想を書かせ，その後，自分の考えをもつところまでつなげるように指導していく。

意見文を書いて情報を発信しよう　2

SDGs 17の目標の入り口

1　貧困をなくそう
2　飢餓をゼロに
3　すべての人に健康と福祉を
4　質の高い教育をみんなに
5　ジェンダー平等を実現しよう
6　安全な水とトイレを世界中に
7　エネルギーをみんなに そしてクリーンに
8　働きがいも経済成長も
9　産業と技術革新の基盤をつくろう
10　人や国の不平等をなくそう
11　住み続けられるまちづくりを
12　つくる責任、つかう責任
13　気候変動に具体的な対策を
14　海の豊かさを守ろう
15　陸の豊かさも守ろう
16　平和と公正をすべての人に
17　パートナーシップで目標を達成しよう

自分が興味をもったものを調べてみよう。

第1時で課題が見つけられない生徒に配付する資料
課題を明らかにして情報を見つけるためのキーワードとして説明する。

　また，ワークシートで自分の考えが書けない生徒には，SDGsの17の目標を提示して，それぞれの目標を1人1台端末を活用して調べさせてもよい。

　調べていく過程で様々な情報と出会い，情報の精査や情報源の確認などを経験する中で，生徒の情報処理能力を向上させることができる。例えば，多くの資料の中から，自分の考えを支える根拠となる事実を見つけ出す。また，相反する複数の情報を比較しながら，自分の意見をまとめるための考察を進めるなどの活動が，生徒の情報処理能力を向上させるのである。

●第4時

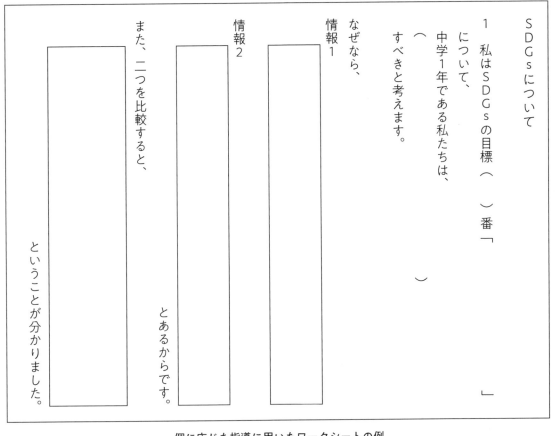

個に応じた指導に用いたワークシートの例

SDGsについて

1　私はSDGsの目標（　）番「
　　　　　　　　　　　　　　　　　」
について、
中学1年である私たちは、
（　　　　　　　　　）
すべきと考えます。

なぜなら、

情報1 ［　　　　　　　　　　　　　　　　］

情報2 ［　　　　　　　　　　　　　　　　］
　　　とあるからです。

また、二つを比較すると、

［　　　　　　　　　　　　　　　　］
ということが分かりました。

　作文が苦手で自分の考えをまとめる方法が分からないという生徒がいる。その場合は上記の
ワークシートを使って書く準備をさせたい。
　考えがまとめられない生徒は，自分の考えの根拠となる情報の収集，その情報の比較など意
見文にまとめる際の手順を学ばせていきたい。

（杉田あゆみ）

A　話すこと　聞くこと

B　書くこと

C　読むこと

相手の心に残る随筆を表現しよう
～トレンドワード機能で再構築～

05

教材 ▶「心に残る出来事を表現しよう　日常生活から生まれる随筆」(東書)
関連教材：「構成や描写を工夫して書こう　体験を基に随筆を書く」(光村)
　　　　　「随筆　体験に向き合い意味づける」(三省)
　　　　　「随筆を書く」(教出)

1　単元について

　「随筆＝エッセイ」は，日常生活の中で心に浮かぶ思いや出来事を記した文章である。随筆を書くには，題材を決め，伝えたい出来事と思いを明確にする必要がある。ここでは，まず，日常生活を振り返り，自分の心に残る出来事を選び，自分の思いを表現し，読み手の心に残る随筆を仕上げる活動をする。

　生徒たちは，1人1台端末を使用して知りたい情報を手軽に検索できる。その過程において，情報は，検索ブラウザによって既に整理されている。(「トレンド機能」「関連キーワード」「人気度の動向」「地域別のインタレスト」等) 注：Microsoft Search 使用状況レポート Google 検索 の例より抜粋

　本単元では，日常生活の中から題材を決めるときに，「他のみんなは，どんな題材を選ぼうとしているのかな。」，一度随筆を書き終えた際に「他のみんなは，どのような文章にしているのかな。」などと，他者の考えから得た情報を参考にして自分の作品を見直し，もう一度練り直すことを想定している。再構築を通して作品をブラッシュアップする体験をしてほしい。

　そして，完成した文章を印字し，生徒間で交流することにより，自分や相手の思いが「正確に伝わっているのかどうか」を確認する機会とする。相手意識が高まる活動にしたい。読み手を意識して，話題を探したり，表現を工夫したりさせる。また，意見交流を通して，再度自分の文章を見直すことで，書く能力の向上を図る。

2　単元の目標・評価規準

(1)　事象や行為，心情を表す語句の量を増すとともに，語句の辞書的な意味と文脈上の意味との関係に注意して話や文章の中で使うことを通して，語感を磨き語彙を豊かにすることができる。
〔知識及び技能〕(1)ウ

(2)　読み手の立場に立って，表記や語句の用法，叙述の仕方などを確かめて，文章を整えることができる。
〔思考力，判断力，表現力等〕B(1)エ

ICT の活用場面

[ツール・アプリ等] Forms　Teams　Word　Excel（以上 Microsoft Office365）
　　　　　　　　テキストマイニングツール

- ●第1時　単語を入力する。（Forms）随筆を書く。（Word 原稿用紙テンプレート）
- ●第2時　文章を Forms に転記する。（Forms）
　　　　　トレンドワードを確認する。（Forms）
- ●第3時　交流によって赤入れされた下書きを清書する。（Word 原稿用紙テンプレート）
　　　　　原稿用紙データを提出する。（Teams）

(3)　言葉がもつ価値に気付くとともに，進んで読書をし，我が国の言語文化を大切にして，思いや考えを伝え合おうとする。　　　　　　　　　　　　　「学びに向かう力，人間性等」

知識・技能	思考・判断・表現	主体的に学習に取り組む態度
①事象や行為，心情を表す語句の量を増すとともに，語句の辞書的な意味と文脈上の意味との関係に注意して話や文章の中で使うことを通して，語感を磨き語彙を豊かにしている。((1)ウ)	①「書くこと」において，読み手の立場に立って，表記や語句の用法，叙述の仕方などを確かめて，文章を整えている。（B(1)エ）	①進んで文章を整え，学習課題に沿って随筆を書こうとしている。

A　話すこと・聞くこと

B　書くこと

C　読むこと

3　単元の指導計画（全3時間）

時	主な学習活動 ★個別最適な学びの充実に関連する学習活動 ●協働的な学びの充実に関連する学習活動	・評価規準と評価方法
1	・日常生活から「テーマ」を探す。1人20タイトル，単語を Forms に入力する。 ●集計結果から作成した「トレンドワード」図をもとに感想を話し合い，発表する。 ・テーマを決め，400字程度で随筆を書く。 　※「Word 原稿用紙テンプレート」を使用し，400字縦書き原稿用紙に入力する。 ・振り返り，次時の確認をする。	

2	★前時に書いた自分の随筆を，Forms に投稿する。 ・投稿した Forms の結果をモニターで確認する。 （● Forms 集計結果から「トレンドワード」図を表示する。） ・自分の随筆を読み直し，読み手の立場に立って，表記や語句の用法，叙述の仕方などを確かめて，文章を修正する。その際，自分が読み手に着目してもらいたい語句を選び，辞書で意味を確認した上で，文脈上の意味などを考えて効果的な表現を工夫し，黄色マーカーを引く。 ・振り返り，次時の確認をする。	[思考・判断・表現] ① 随筆文 ・伝えようとする事柄や思いが読み手に伝わるように，語句の選び方や使い方，文や段落の順序，語順，表記などが適切であるかを考えて随筆文を修正している。
3	・自分の随筆を印刷する。 ●4人程度のグループで回し読みをし，書き手が黄色マーカーを引いた語句の使い方について，どのような効果があるかを考えてコメントを記入する。 ※書き手が黄色マーカーを引いた箇所以外でも，語句が効果的に使用されている箇所を見つけ，積極的にコメントを記入するように指示をする。 ★①黄色マーカーを引いた語句，②その語句を使用した意図，③読み手からのコメントから自分が学んだことについてワークシートにまとめる。 ・単元の学習を振り返り，ワークシートに記入する。	[知識・技能] ① ワークシート ・事象や行為，心情を表す語句の辞書的な意味と文脈上の意味に注意して文章の中で使い，その効果について理解している。 [主体的に学習に取り組む態度] ① ワークシート ・単元の学習を振り返り，読み手の立場に立って文章を整えるために工夫したことや，随筆を書く上で試行錯誤したことについてまとめている。

4 個別最適な学びと協働的な学びの充実に向けた指導のポイント

(1) 個別最適な学びを充実させる視点から

本単元では，他の生徒が日常生活で興味・関心のあるテーマを表したり，実際に随筆を書いたりする際に用いる語句には，どのようなものが多いのか，さらに，どのような語句に着目して随筆を書いたのか等の情報について，1人1台端末を活用して確認しながら，随筆を書く学習に取り組む。書く前，書いているとき，加筆修正時の3回の機会を捉え，個に応じた指導を行うことで，育成を目指す資質・能力の確実な向上を目指した。

①書く前

ここでは，日常生活から「テーマ」を探して，生徒一人一人が個別に単語を Forms に入力し，その集計結果から「トレンドワード」図を表示する。生徒は，その「トレンドワード」をグループで共有しながら感想を話し合い，発表する学習に取り組む。このようなグループによる話し合い活動は，協働的な学習である。だが，生徒たちだけに任せておけばよいというものではない。特に，第1学年のときには丁寧な指導が必要である。意見を活発に発言したり，効果的な質問をしたり，その場を取りまとめたりすることが苦手な生徒もいるであろう。そのような生徒に対する「個に応じた指導」が必要である。そのような生徒は，発言することよりも，他の生徒が出すよいアイデアを参考にすることを目的としているかもしれないが，生徒の様子を丁寧に観察し，必要に応じて，「○○さんは，どのように考えているのかな。」「今の〜さんの発言について，○○さんは，どう考えますか。」などと，教師がファシリテーターとして介入することが必要である。一度，そのようなモデルを見せたら，そのような役割を果たせそうな生徒に対して，積極的にファシリテーターとしての役割を果たすよう促すことも大切である。

②書いているとき

「書くこと」の学習では，文章を書くことに集中して積極的に書き進めていく生徒がいる一方で，なかなか書き進めることができない生徒もいる。後者のような生徒に対しては，教師が適宜声をかけ，「今，あなたが思いつくテーマには，どのようなものがありますか。」「そのテーマで書こうとするときに，何か気になることがありますか。」「書き方で分からないことがありますか。」「何か困っていませんか。」等，その生徒に寄り添って話を聞く姿勢を大切にしながら，個に応じて重点的な指導を行うようにした。これまでの筆者自身の「書くこと」の指導では，時間内に文章を書き終わらせることを目的にしていたので，教師視点からの指示やアドバイスを一方的に行う傾向があったように思える。「個に応じた指導」を学習者視点から捉え直すことで，生徒の話を聞きながら必要な支援を行うことが必要であると考えられるようになった。なお，このような「個に応じた指導」を行った際には，その生徒がどのようなことで困っていたかを記録に残しておくことで，その生徒の今後の学習支援に役立てたい。

③加筆修正時

　本単元では，推敲する力を育成することをねらいとしているので，生徒が書いた随筆の修正すべき点を細かく教師が指摘してしまうことは避けた方がよい。そこで，自分の書いた随筆を読み手の立場に立って修正することが難しい生徒に対しては，事前に用意しておいた授業者によるモデル文や，参考にするとよい生徒の文章等を端末で参照させ，さらに自分の文章と比較する視点を助言して，文章の修正の仕方に気付くことができるように支援する。

（2）協働的な学びの充実に向けた視点から

　文章を書くことは，個人での作業ではあるが，本単元では，書く前，書いているとき，完成後にグループでの交流活動を取り入れ，内容や表現に関する他者の工夫を確認させることにした。

　随筆の題材を決める際，「他のみんなは，どのような題材を選ぼうとしているのか。」，随筆を書いた際，「他のみんなは，どのような文章を書いているのか。」等の疑問に基づき交流することで，自分とは異なる考え方や文章の書き方に触れ，自分のそれを客観的に捉えることができるようにしたい。そのような経験をさせることで，本単元で育成を目指す「読み手の立場に立って，表記や語句の用法，叙述の仕方などを確かめて，文章を整える力」を確実に身に付けさせることができると考えた。他の生徒の考えや文章の書き方から様々な情報を得ながら試行錯誤をすることで，自分の文章をブラッシュアップしていく体験を，全ての生徒が得られるようにしたい。

　完成後の交流では，自分が読み手に着目してもらいたい語句の使い方が，他の生徒にはどのように受け止められたかを理解することで，学びを深めることをねらいとした。このような交流によって，自分の意図では効果的だと思った語句の使い方が，他の生徒からすると違和感のあるものだったり，文章で伝えたいことをかえって分かりにくくしてしまったりすることもあると気付く機会になったようである。一方で，自分が意図せずとも，読み手が効果的だと感じる語句の使い方もあることに気付き，語句の使い方に関して新たな発見をすることができた生徒もいた。自分のペースで学習を進めながら語句の意味を覚えることも大切だが，本単元のように，実際に文章の中で語句の使い方を工夫してみて，読み手からのフィードバックを得るような「協働的な学び」によって，語句の意味や使い方に対する認識を深め，語感を磨き，語彙の質を高めることも大切にしたい。

5 授業の実際

　本単元では，日常生活の中から題材を決めるときや再構築する際に，トレンドワードを提示することで，生徒たちのつまずきをフォローできるのではないかと考え，他の事例を含めて使用したツールを紹介する。

●**第1時**：生徒が日常生活の中から題材を決めるときに，トレンドワードを提示することで，生徒たちの考えを整理させる。

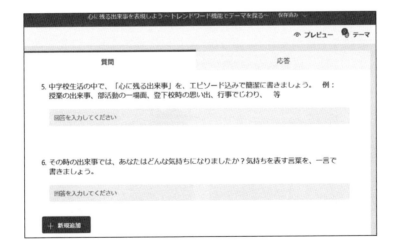

　このような形でFormsに入力させることで，集計結果から「トレンドワード」図を作成することができる。自分の考えと比較しながら書くためのヒントとなる。

A　話すこと聞くこと

B　書くこと

C　読むこと

（質問）　将来の自分のために，「身に付けたい資質・能力」とは？

18回答者 (19%) この質問に **コミュニケーション能力** 回答しました。

忍耐力　意見　頓　広さ　責任　理解力　判断能力　学力　文武両道

コミュニケーション能力 機械音

話し合い　人脈 EQ 課題　決断力　人間関係　事　対応能力

English　communication

　これは，「将来の自分のために，身に付けたい資質・能力とは？」という問いについて，Forms で回答を収集し，多く用いられた語句を，大きさや配置によって表した図である。この表を見た生徒たちは，「自分の考えと共通している」「類似する表現がある」「思いつかなかった語句がある」等，自分が考えた回答を軸に比べることができる。また，書くことに苦手意識があり，無回答だった生徒は，他者の回答を参考にして課題に取り組むことができる。これらの活動が，自分の考えを表現する「随筆」や「意見文」のテーマ設定の一助となることが期待できる。作文を書き始めるとき・書いている途中・書いた後のそれぞれで文章を見直すきっかけとして取り組むことで，生徒たちは作業の過程において，自分のつまずきを認識でき，さらにどのような視点で改善できるかを知ることができる。

▶生徒の様子

　個人で作業する場面と，集団（グループ）で作業する場面がある。個人で作業する際は，机間指導により個別最適な学習ができる。Forms「トレンドワード」機能を効果的に用いることで，集団（グループ）では，協働的な学びにつながる学習のきっかけができる。個と集団の学習形態を切り替えることで，学びの形態を広げることが期待できる。

＊参考：他の実践でのワードクラウド化の例［文化祭の振り返りを「ワードクラウド」化］

　全校生徒の作品への評価を集約することに活用したものである。生徒たちは，文化祭当日に記述した感想の全体で多く用いられた語句に気付くことができる。また，他者の考えに触れることにより，自分の考えとの相違点や時間軸等の違いから，新しい考えが出てくることも期待できる。生徒自身が，個における考えと全体（集団）の考えを往復するための手段として有効であると考える。

英語「英語プレゼンテーション」

・英語の発音が綺麗で，ジェスチャーもしていて分かりやすかった。
・1年のロボコンの発表と3年のアイスの発表が個性的だった。
・2・3年生の発表が，発音や内容もとてもよくて，すごいなと思った。

わかる　動き　良い　内容　ロボット　表現
憧れる　聞ける　丁寧　すごい　立派　斑
話す　よい　ロボコン
分かりやすい　短い　つける
スピーチ　個性　工夫　上手　でかい
いろいろ　わせ　独創　見やすい
使う
発表　発音　身振り
思う　手振り　ジェスチャー
完璧　振る舞い　英語　わかりやすい　立ち　言う
面白い　3年　三倉　言える
楽しい　まね　多く　多い
いい　参考　仕上げる　たのしむ　難しい
アイス　できる　読む　きれい　3年生
頑張る

家庭科部「布作品」

難しい　思う　よい　上手　見える
それぞれ　丁寧　こむ　個性　わかる
猫　跡　あふれる　手先　浴衣　かわいい
クッション　こだわる　着物　ほしい
作る　高い
技術　縫い目　縫う
一人一人　きれい　凝らす
可愛い　一つ一つ　ねこ　つくる　飽きる
ぬいぐるみ　作品　取り組む　うまい
一生懸命　整う　必要　器用　工夫　すごい
見れる
できる

文芸読書部「個人作品」

わかる　選ぶ　それぞれ　イラスト
わく　本　丁寧　個性　明確　読みやすい　綺麗
とこ
分析　きれいな　まとめる　分かりやすい　紹介
知れる　よむ　読書　札　チョイス　入れる
出来る　意味　百人一首　すごい　日本の文化
解説
展示　詩　俳句　短歌　野寺　六歌仙　見やすい
調べる　興味　書く　ライト
選び方　おもう
いい　訳　作品　読む
多い　古風　みれる　よい　見れる
わかりやすい　きれい　工夫　感じる　楽しい
覚える　思う　分かる　知る　面白い

（谷坂　龍蔵）

私の「故事成語」活用法を執筆しよう

06

教　材　「故事成語──中国の名言──」（教出）
関連教材：「今に生きる言葉」（光村）
　　　　　「矛盾」（東書）
　　　　　「故事成語─矛盾」（三省）

1　単元について

　「故事成語」は小学校3・4年生の教材として「ことわざ」「慣用句」とともに取り上げられ，多くの教科書会社が中学校1年生の漢文教材として伝統的に「故事成語」を扱ってきた。一つの話が短く内容も分かりやすいため，生徒たちも楽しく取り組める教材である。

　今回はまず，既習事項の復習として，「ことわざ」「慣用句」「故事成語」それぞれを自分の言葉で説明する学習活動を行い，混在しているかもしれない「ことわざ」「慣用句」「故事成語」を整理させ，確かな語の種類として「故事成語」を定着させる。

　次に，「竹取物語」に続く古典教材として，音読を通して古典のリズムに親しませる。その際，中学生としては初めての漢文教材であるため，今後の漢文学習に苦手意識をもたせないようにすることが大切である。教科書に訓読法の説明もあることから，訓読文，書き下し文，返り点のきまりなどの基本的な用語や読み方に関する漢文学習の基礎を身に付けさせ，中学校2・3年生の「論語」や「漢詩」の学習につなげていく。

　「故事成語」は故事に由来するので漢字や言葉から意味を推測できず，その由来を知り，意味を理解しなければ，日常生活や社会生活で正しく使用することが難しい。そのため，これまで「故事成語」を身近な言葉として捉えさせるために生徒の知識や体験と結び付けた「短文作り」や「エピソード作り」「座右の銘の設定」「友達に贈る言葉の選択」「4コマ漫画の作成」「クイズでの交流」など，数々の言語活動が授業で実践されてきた。

　今回はそうした言語活動を「私の『故事成語』活用法」という形で，〔思考力，判断力，表現力等〕B(1)アが示す「目的や意図に応じて，日常生活の中から題材を決め，集めた材料を整理し，伝えたいことを明確にする」資質・能力の育成を目指し，生徒自身の能力や興味・関心に応じて，「故事成語」や活用法を選んで整理し，身近な言葉として「故事成語」を理解させ，生活の中で活用できるようにする。

　また，1人1台端末を使用してそれらを相互に閲覧・交流し，多くの「故事成語」を知識として身に付けさせ，話や文章の中で使うことができるようにしていく。

ICT の活用場面

[ツール・アプリ等] 検索ブラウザ　Google ドキュメント　デジタル教科書　動画撮影機能

- ●第1時　語句について調べ，ワークシートに書く。（検索ブラウザ，デジタル教科書，Google Classroom）
- ●第2時　訓読文を音読し，録画する。（教科書会社ホームページ資料，動画撮影機能）
- ●第3時　語句について調べ，ワークシートに書く。（検索ブラウザ，Google Classroom）
- ●第4時　「私の『故事成語』活用法」ワークシートや振り返りシートを書く。（Google Classroom）

2　単元の目標・評価規準

(1)　音読に必要な文語のきまりや訓読の仕方を知り，古文や漢文を音読し，古典特有のリズムを通して，古典の世界に親しむことができる。　　　　　　　　　　〔知識及び技能〕(3)ア

(2)　目的や意図に応じて，日常生活の中から題材を決め，集めた材料を整理し，伝えたいことを明確にすることができる。　　　　　　　　　〔思考力，判断力，表現力等〕B(1)ア

(3)　言葉がもつ価値に気付くとともに，進んで読書をし，我が国の言語文化を大切にして，思いや考えを伝え合おうとする。　　　　　　　　　　　　「学びに向かう力，人間性等」

知識・技能	思考・判断・表現	主体的に学習に取り組む態度
①音読に必要な文語のきまりや訓読の仕方を知り，古文や漢文を音読し，古典特有のリズムを通して，古典の世界に親しんでいる。((3) ア)	①「書くこと」において，目的や意図に応じて，日常生活の中から題材を決め，集めた材料を整理し，伝えたいことを明確にしている。(B(1)ア)	①積極的に古典の世界に親しみ，学習課題に沿って自分の考えをまとめようとしている。

3　単元の指導計画（全4時間）

時	主な学習活動 ★個別最適な学びの充実に関連する学習活動 ●協働的な学びの充実に関連する学習活動	・評価規準と評価方法
1	・既習事項の整理と教科書の文章の読み取りをする。 ★教科書の文章を読み「矛盾」と「助長」について意味や由来を理解するとともに，音読を通して漢文のリズムに親しむ。 ★●故事成語とことわざ，慣用句の違いを辞書やインターネットを活用して調べ，自分の言葉で説明することにより理	

	解を深め，確かなものとする。	
2	★教科書 p.126 の「漢文の読み方」の学習を通して訓読の仕方を理解し，「矛盾」を音読する。その際，自分の音読を録画し，デジタル教科書等の範読と聞き比べるなどして漢文のリズムを味わう。 ●ペアになり「助長」の訓読文を音読し，互いに録画する。録画した音読を相互鑑賞し，よりよい読み方を考えて意見を交換する。	［知識・技能］① <u>録画動画</u> ・訓読文，書き下し文，返り点の用語を理解し，「矛盾」の訓読文を音読し，漢文のリズムに親しんでいる。 ［主体的に学習に取り組む態度］① <u>録画動画</u> ・訓読の仕方を理解し，音読を通して，漢文のリズムに積極的に親しもうとしている。
3	・「私の『故事成語』活用法」を作成する。 ★国語辞典やインターネット検索により故事成語を選び，由来や意味，活用例，自分の経験などをまとめる。 ●まとめたものをグループで読み合い，分かりにくいところなどを指摘し，修正を図る。	［思考・判断・表現］① <u>ワークシート</u> ・「私の『故事成語』活用法」を作成するという目的にふさわしい，故事成語，活用例，自分の経験をワークシートにまとめている。
4	・「私の『故事成語』活用法」の読み合わせと学習の振り返りをする。 ★用例集を読み，故事成語の語彙を増やすとともに身近なものとして活用できるようにする。 ★振り返りシートに今回の学習の成果と課題をまとめる。	［主体的に学習に取り組む態度］① <u>振り返りシート</u> ・故事成語についての理解を深め，「私の『故事成語』活用法」を作成するという学習課題に沿って自分の考えをまとめようとしている。

4　個別最適な学びと協働的な学びの充実に向けた指導のポイント

(1) 個別最適な学びを充実させる視点から

　「故事成語」に関する教材は，小学校3・4年次に「ことわざ」「慣用句」の教材とともに関わることになる。話の内容も容易でユーモアもあり，小学生も関心をもって取り組める教材である。特に「矛盾」については小学校の教科書でも取り上げられ，起承転結の分かりやすい4コマ漫画も掲載されるなど親しみやすい。中学校でも第1学年の教材として，これまで多くの授業提案がなされてきた。

　今回，第1時では教科書で取り上げられている「矛盾」「助長」の音読を通して漢文のリズムに親しむ。自分の端末にデジタル教科書がインストールされていれば，自分のペースで繰り返し聞いて漢文特有のリズムを確かめることができる。デジタル教科書がない場合は，教科書に記載された二次元コードを活用し，同様の学習を進められる。

　第2時では，教科書「漢文の読み方」の学習を通して訓読の仕方を理解させ，実際に「矛盾」の訓読文を教科書の書き下し文と照らし合わせ，それを音読することで訓読の仕方を身に付けさせるとともに漢文のリズムを味わわせる。その際，音読の録画やデジタル教科書等の範読を自分で聞き直しながら，自分の特性や学習進度，学習到達度等に応じて学習を進めさせる。

　第3時では，生徒一人一人の興味・関心・キャリア形成の方向性等に応じ，自分が身に付けたい「故事成語」を，端末や国語辞典などを用いて検索しながら選ばせ，第1時で学習した「矛盾」「助長」のように意味や由来などをまとめさせる。そして，調べた「故事成語」を確実に自身で活用できる言葉として定着させるために，自分の知識や経験に基づいて「私の『故事成語』活用法」を考えさせる。そのまとめ方については，「エピソード」「座右の銘」「友達に贈る言葉」「4コマ漫画」「物語」など，生徒たちの興味・関心，特性に応じて選ばせることで，自分の学習が最適となるよう調整して学びを深められるようにした。

　また，端末を持ち帰らせることで，家庭学習でも自身のスケジュールに合わせて取り組めるようにした。「私の『故事成語』活用法」も電子化し，他の生徒の活用法をいつでも閲覧できるようにすることで，生徒の興味に応じた学習に取り組めるように工夫した。

(2) 協働的な学びの充実に向けた視点から

　「私の『故事成語』活用法」の作成が，孤立した学びにならないようにするため，それを共有，交流するという言語活動を行うことで全体的に協働的な学びの充実を図る。その際，協働的な学びの前には，自分の特性や学習進度，学習到達度等に応じて学びを深められるように個別の学習を位置付けるとともに，協働的な学びの後には，自らの考えを再構築する時間を位置付けるようにした。このことにより，生徒一人一人が，本単元で育成を目指す資質・能力を確実に身に付けられるようにした。

5 授業の実際

●第1時 教科書の文章を音読し，漢文のリズムに親しみながら，「故事成語」を理解する。

①「矛盾」「助長」について，意味，由来，活用例をワークシートにまとめる。「矛盾」については小学校の既習事項である。「助長」については本来の「余計な手助けをして状況が悪くなる」という意味から，現在は「手助けをしてよい方向になった」という意味として使われがちになっていることにも触れる。

②教科書本文（書き下し文）を音読し，「竹取物語」で味わった古典のリズムを再確認し，気付いたことを書き，漢文のリズムに親しませる。

③「故事成語」について，既習事項を整理する。小学校中学年以来の「故事成語」の学習になる。似たような言葉として日本の「ことわざ」「慣用句」があり，混在している生徒もいるかもしれない。国語辞典や漢和辞典，教科書会社のホームページ上の資料等でもその特徴や違いは多く紹介されている。本文や資料に当たりながら自分の言葉でそれぞれをまとめさせ，「故事成語」を確かな語彙として身に付けさせる。

「故事成語―中国の名言―」①

組　番　氏名（　　　　　）

目標　漢文のリズムに親しみながら，「故事成語」を正しく理解しよう

○「矛盾」の意味、由来、活用例を自分が分かる言葉でまとめよう

意味	
由来	
活用例	

○「助長」の意味、由来、活用例を自分が分かる言葉でまとめよう

意味	
由来	
活用例	

○「矛盾」や「助長」について音読をして気づいたことを書いてみよう

○「故事成語」「ことわざ」「慣用句」を自分の言葉でまとめよう

故事成語	
ことわざ	
慣用句	

④ワークシートに，「漢文のリズムに親しむことができたか」「『故事成語』を正しく理解できたか」をABCで自己評価し，その理由を書く。

●**第2時** 教科書 p.126の「漢文の読み方」の学習を通して訓読の仕方を理解し，音読に親しむ。

①「矛盾」の白文を提示する。漢文は漢字のみで書かれており，中国では中国語で発音し，意味を理解していること，日本では漢文を日本語で読み，理解するために訓読という方法が生まれたことを認識する。

②返り点や送り仮名のルールを学び，簡単な熟語や文を訓読文に直す。

③「矛盾」の訓読文と教科書本文を比べ，教科書本文が書き下し文であることを認識する。

④各自で「矛盾」の訓読文を音読する様子を録画し，デジタル教科書等の範読と聞き比べるなどして漢文のリズムを味わう。

⑤ペアになり「助長」の訓読文を音読し，互いに録画する。

⑥自分の音読や相手の音読を鑑賞し合い，意見を交換する。（4人グループでもよい）

⑦自分の「矛盾」と「助長」の音読を録画し，Google Classroom に提出する。

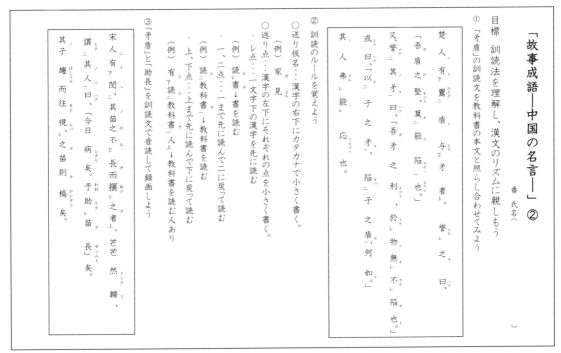

⑧ワークシートに，「漢文の訓読の仕方を理解できたか」「音読を通して漢文のリズムに親しむことができたか」を ABC で自己評価し，その理由を書く。

●**第3時** 「私の『故事成語』活用法」の作成を通して，「故事成語」を知識として身に付け，実生活で活用できるようにする。

①「故事成語」を学ぶことの意義について理解を深める。

古の人たちの教訓や知恵が「故事成語」には凝縮されている。その教えは現代にも十分通用

するところであることを理解する。知識や教訓として活用されている事例を紹介する。

②「故事成語」を覚えて活用するための言語活動を紹介する。

ア　自分の体験と結び付けられる「故事成語」を選び，当てはまる現代版のエピソードを作成する。

イ　「座右の銘」として使える「故事成語」を選び，作成する。

ウ　「友達に贈る言葉」として使える「故事成語」を選び作成する。

エ　４コマ漫画となる「故事成語」を選び，漫画を使って作成する。

オ　現代の物語になるような「故事成語」を選び，物語を使って作成する。

カ　その他（その他の方法について生徒から相談があれば，相談にのり決定する）

③国語辞典やインターネット検索により故事成語を選び，紹介された言語活動を通してワークシートにまとめる。

※興味があれば多くの故事成語の「私の『故事成語』活用法」を作成してもよい。

④作成したものをグループで読み合い，感想を交流し，分かりにくいところなどを指摘し合い，改善する。

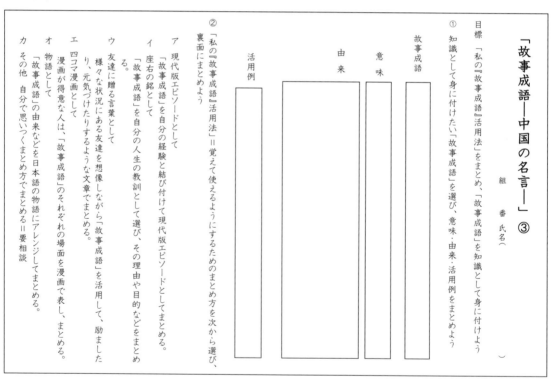

「故事成語—中国の名言—」③

組　　番　氏名（　　　　　　　）

目標　「私の『故事成語』活用法」をまとめ，「故事成語」を知識として身に付けよう

①　知識として身に付けたい「故事成語」を選び，意味・由来・活用例をまとめよう

故事成語	
意味	
由来	
活用例	

②「私の『故事成語』活用法」＝覚えて使えるようにするためのまとめ方を次から選び，裏面にまとめよう

ア　現代版エピソードとして
「故事成語」を自分の経験と結び付けて現代版エピソードとしてまとめる。

イ　座右の銘として
「故事成語」を自分の人生の教訓として選び，その理由や目的などをまとめる。

ウ　友達に贈る言葉として
様々な状況にある友達を想像しながら，「故事成語」を活用して，励ましたり，元気づけたりするような文章でまとめる。

エ　四コマ漫画として
漫画が得意な人は，「故事成語」のそれぞれの場面を漫画で表し，まとめる。

オ　物語として
「故事成語」の物語を日本語の物語にアレンジしてまとめる。

カ　その他　自分で思いつくまとめ方でまとめる＝要相談

68

●**第４時** 「私の『故事成語』活用法」を閲覧し，活用できる「故事成語」の語彙を増やし，単元の振り返りを行い，漢文の訓読の仕方やリズムについてメタ認知する。

※「私の『故事成語』活用法」の完成に向けて，第３時終了後も一定の期間を設定して家庭学習等で取り組ませる。そのため，第４時は第３時の直後の授業ではなく，「私の『故事成語』活用法」完成後に行う。

①提出された個人の「私の『故事成語』活用法」を教師がまとめ，１人１台端末内で閲覧できるようにする。閲覧した「故事成語」の中から，よく理解でき，活用してみたいと思ったものを選び，生徒の意識を高める。

②単元テスト

問１　いくつかの「故事成語」の意味と活用例を書かせる。（「私の…活用法」閲覧可）

問２　訓読文を書き下し文に書き直す。

③単元の振り返り

・「故事成語」を正しく理解することができたか。

・漢文の訓読の仕方を身に付けることができたか。

・本単元の学習を通して漢文に親しむことができたか。

・今後の生活のどのような場面で「故事成語」を活用することができるか。

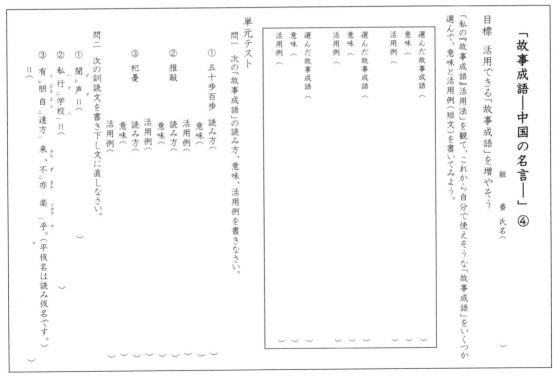

（勝田　敏行）

「少年の日の思い出」のエピローグを考えよう 07

> **教材**　「少年の日の思い出」（光村・東書・教出・三省）

1　単元について

　第1学年の文学的文章を教材とした学習では，叙述に基づいて場面の展開や登場人物の相互関係，心情の変化などを捉えること，場面と場面，場面と描写などを結び付けて内容を解釈すること，その上で自分の生活や考え方と比較したり，他者の考えを知り，新しい視点や考え方を身に付けていったりすることが大切だと考えている。また，文章中の表現，言葉の一つ一つの中に，自分の考えを広げる発見や考えを一転させる驚きがあり，それらを交流することでさらに理解が進むところに学習の楽しさがある。

　額縁構造である本作品は，少年時代の回想が，大人になった当人の視点から語られているため，どこに焦点を当てて考えさせていくかが大きな課題である。本単元では，これまでの指導を踏まえて少年の心情を追いながらも，それを解釈している大人の「少年」が語る場面を常に意識して読み，作品中にはない，過去を語った後の大人の「少年」の姿を想像させることで，冒頭の場面と回想の場面の描写とを結び付けて内容を解釈することができるようにしたい。やや複雑な学習過程となるが，生徒同士で交流し，多様な考えを楽しみながら述べ合うことで自分の考えを明確にでき，自立した「読者」として語り手に向き合って読み深める学習ができる単元と考えた。

2　単元の目標・評価規準

(1)　事象や行為，心情を表す語句の量を増すとともに，語句の辞書的な意味と文脈上の意味との関係に注意して話や文章の中で使うことを通して，語感を磨き語彙を豊かにすることができる。
〔知識及び技能〕(1)ウ

(2)　場面の展開や登場人物の相互関係，心情の変化などについて，描写を基に捉えることができる。
〔思考力，判断力，表現力等〕C(1)イ

(3)　場面と場面，場面と描写などを結び付けて，内容を解釈することができる。
〔思考力，判断力，表現力等〕C(1)ウ

ICT の活用場面

[ツール・アプリ等] ミライシード（オクリンク）　Google Jamboard

- ●第1時　　初発の感想や疑問を書く。（オクリンク）
- ●第2時　　心情や情景描写を取り出し，整理・比較する。（オクリンク）
- ●第4・5時　心情の変化を分担して整理した後，考えを交流する。（Google Jamboard）
- ●第6時　　他者の見解を個人で分類する。（オクリンク）

(4)　言葉がもつ価値に気付くとともに，進んで読書をし，我が国の言語文化を大切にして，思いや考えを伝え合おうとする。　　　　　　　　　　　　　　「学びに向かう力，人間性等」

A　話すこと　聞くこと

B　書くこと

C　読むこと

知識・技能	思考・判断・表現	主体的に学習に取り組む態度
①事象や行為，心情を表す語句の量を増すとともに，語句の辞書的な意味と文脈上の意味との関係に注意して話や文章の中で使うことを通して，語感を磨き語彙を豊かにしている。（(1)ウ）	①「読むこと」において，場面の展開や登場人物の相互関係，心情の変化などについて，描写を基に捉えている。（C(1)イ） ②「読むこと」において，場面と場面，場面と描写などを結び付けて，内容を解釈している。（C(1)ウ）	①積極的に場面の展開や登場人物の相互関係，心情の変化などについて描写を基に捉え，学習課題に沿って考えたことを伝え合おうとしている。

3　単元の指導計画（全6時間）

時	主な学習活動 ★個別最適な学びの充実に関連する学習活動 ●協働的な学びの充実に関連する学習活動	・評価規準と評価方法
1	・範読を聞きながら読み，登場人物と時間の流れを確認する。 ・感想や疑問，意味が十分に理解できなかった語句を1人1台端末に入力する。 ★「僕」がどのような気持ちで蝶をつぶしたと思うか，現時点での考えを書く。時間を要する生徒は自宅等から提出する。 （★感想やつぶしたときの気持ちは，オクリンクで提出させ，随時互いに参照できるようにしておく。必要に応じてフィードバックを行う。）	

2	・意味が十分に理解できなかったとして多く挙げられた語句や，登場人物の心情を理解する上で重要な語句について，辞書等で意味を確認し，文脈上の意味を考えてワークシートに記入する。 ・事前に提出された感想等を提示し，疑問に触れながら，前半の「客」の心情について予想を立てる。 ●「客」が話を始める場面で効果的だと感じた表現を選び，後半の話との関連をまとめて交流する。 ●「客」の心情や情景の描写に着目し，「私」に話そうと思った理由について考えを交流する。（話すと何かが変わることに気付かせる。）	[知識・技能] ① ワークシート ・事象や行為，心情を表す語句について，辞書的な意味と文脈上の意味との関係に注意して理解している。
3 ・ 4	・蝶に対する心情の変化を捉え，ワークシートに整理する。 ●「僕」から見たエーミールの人物像をまとめ，エーミールに対する気持ちを理解した上で，「僕」に対する自分の考えをグループで交流する。 ★エーミールの言動について自分の考えをまとめる。 ★「僕」の行動や語られている心情から，蝶への思いの変化をまとめる。 ●エーミールと「僕」のやり取りから，二人の心情の変化と，蝶をつぶす「僕」の心情を捉えて交流する。	[思考・判断・表現] ① ワークシート ・登場人物相互の関係に基づいた行動や会話，情景の描写に着目し，「僕」と「エーミール」の心情の変化を捉えている。 [主体的に学習に取り組む態度] ① ワークシート ・積極的に「僕」と「エーミール」の心情の変化を捉え，他者の考えを生かしながら自分の考えをまとめようとしている。
5	★冒頭の場面に戻り，「客」がどのような思いで30年間心の中にしまっておいたのかを想像し，「少年の日の思い出」のエピローグとして，30年以上たった大人の「僕」自身がどのようなことを語るか，また，現在どのような思いを抱いているかを想像して書く。 ●Jamboardで提出し自由に交流する。	[主体的に学習に取り組む態度] ① Jamboard・ワークシート ・学習課題に沿って考えたことを積極的に交流し，他者の考えを検討して自分の考えに生かそうとしている。
6	・Jamboardに提示された他の生徒の文章を読み，内容を分類してそれぞれに表題をつける。 ●各自の表題を4人グループで紹介しながらさらに検討し，全体で共有する。 ★冒頭の場面で「客」が少年の日の思い出を語ることの意味について，冒頭の場面と回想場面の描写とを結び付けながら自分の考えを書く。 ★学習の振り返りをまとめる。	[思考・判断・表現] ② ワークシート ・冒頭の場面と回想場面の描写とを結び付けて，「客」が少年の日の思い出を語ることの意味について自分の考えをまとめている。

4　個別最適な学びと協働的な学びの充実に向けた指導のポイント

(1) 個別最適な学びを充実させる視点から

　本単元では，大人になった「僕」が自分の過去を語る前と後でどのような変化があったかについての考えを交流しながら深めていく言語活動に取り組む。自分の考えをまとめ，それを文章化する時間には様々な個人差があり学習過程もやや複雑なため，ICTを活用して個人で十分に考え，表現させるようにした。また，長文の教材であることから，グループで分担して叙

述を整理し，その情報を授業の目標に応じて統合して１人１台端末に配付し，どの生徒も同様に，いつでも確認できるようにした。（オクリンク，Jamboard）

　第１時では，範読を聞きながら疑問に思ったことや印象的な表現に線を引かせ，その部分を中心に初発の感想や疑問，意味が十分に理解できなかった語句をオクリンクで提出させる。じっくり時間をかけて学習を進めたいという生徒や，関連する資料や語句の意味などをインターネット等で調べて考えを深めたいという生徒もいるため，学習の時間を一律に制限せず，休み時間や家庭からの提出ができるようにした。第２時までに，提出された初発の感想や疑問，語句を確認し，文章の内容を誤って捉えているような生徒への個別フィードバックを行うとともに，生徒が挙げた疑問や語句の整理を行っておき，第２時に全体で共有できるようにする。

　第３時では，前時にグループで学習した情景描写への注目の仕方，考えのまとめ方を振り返り，同じ方法を使って個人で取り組ませる。討論を経て，考えをまとめるが，叙述をもとに自己の考えを導き出すことに課題が見られる生徒には，ヒントとして記述の型を提示する。最初から一律に記述の型を与えてしまうことにより，かえって自由な思考を妨げられ自分の考えをもつことが難しくなる生徒もいるため，このように，個別にヒントを与えることにしている。

　第５時では，現在の心情を想像する学習に取り組む。その際，生徒が自らの興味・関心に応じて考えを形成することができるように，「30年前の自分のことを話し終わり，最後にどんなことを言うだろうか」という学習課題か，「もう一度蝶の箱を開けてみたとき，どんな気持ちになるだろうか」という学習課題のいずれかを選択させて取り組ませた。十分に考えた，短い言葉で表現させるために，オクリンクで整理してから Jamboard に記入させた。生徒によって，オクリンクでの整理の仕方や，これまでの学習の振り返り方，考えるのに要する時間等が異なるため，取り組む時間を一律に制限することはせず，家庭学習でも取り組ませ，第６時までの間に自由に提出できるようにした。その間，教師は，生徒の Jamboard を随時参照しながら，全員が自分の考えを確かなものにすることができるよう，必要に応じて助言した。

　最後に，学習の振り返りとして，自分が作成したワークシートや端末上の記録を一つ選び，第１時に疑問として挙げたことがどの時点でどのように解決できたかを短くまとめさせることで，自分の興味・関心に応じた考えの深まりを自覚できるようにした。このまとめ方も，自分の特性や得意とする学習の進め方等に最適な方法（文章・動画・スライド等）でまとめさせ，オクリンクで提出させた。

(2) 協働的な学びの充実に向けた視点から

　本単元では，個別最適な学びと協働的な学びの一体的な充実を目指し，１人１台端末を活用して次のような協働的な学習過程を考えた。

　第２時では，「現在」と「過去」の場面で似ている表現を出し合いながら，自分が効果的だと感じた表現を選び，前半（大人）の描写から伝わる「客」の心情について考えたことをグル

ープで交流する。さらに，それらの表現を踏まえて，「客」が語り出した理由を考え，交流する。同じ叙述でも捉え方の違いが課題に対する考えの違いにつながることを理解させるとともに，各自の視点を広げることにつなげる。表現を出し合い，互いの考えを比較するために，オクリンクのグループ化機能を使用する。

　第3時では，端末を使用せず，「僕」のエーミールに対する気持ちについて二項対立形式で討論する。立場を決めて討論することで，言語化しにくい「僕」の心理や，描かれていないエーミールの「僕」への気持ちが見いだせると考えた。

　第4時では，Jamboardを使用してグループで協力して場面を整理し，心情の変化を確認しながら，最後の「蝶をつぶす」少年の姿から伝わることをグループで交流する。「なぜそのように考えたのか」「叙述のどこからそれが分かるのか」を話し合いの焦点とし，交流しながら自分の考えと比較させるように助言する。このときの少年の気持ちをできるだけ具体的にイメージさせることが，語った後の「客」の心情に迫ることにつながると考えた。他者の考えは，端末で自由に参照できるようにし，書き終えた生徒は口頭やコメントで自由に考えを交流させ，何度でも自分の考えを修正して再提出できるようにした。

　第6時では，課題別にJamboardで共有した10〜12名分の考えを個人で読み，自分の視点で分類して表題をつける。4人グループで分類の視点と表題について端末画面を見せながら交流することで，「変わった」という言葉の中にも読み手によって様々な意味合いがあることを知る。表題のみを集約し，全体で共有した後，最終の自分の考えを，交流した内容を加味しながらまとめ，課題への自分なりの回答とする。

　同様の学習をしてきた他者の視点を検討することで，冒頭の場面と回想場面の描写とを結び付けて，「客」が少年の日の思い出を語ることの意味について考えをまとめさせて学習を締めくくるようにした。

5　授業の実際

●第1時
　感想・疑問等をオクリンクで提出し，互いに参照する。
　<u>フィードバックも端末上で行う。</u>
　学習課題として取り上げたい生徒の疑問は第2時ですぐに提示できるように印などをつけ，すぐに並べて表示できるようにする。
　<u>自分で選んだ課題への現時点での考えもこのボードにつけておく。</u>

●第2時

オクリンク上で前半と後半の似ている表現からつながりを確認する。

第1・2時のまとめ

比較機能により，グループごとに表示して共有し，交流する。

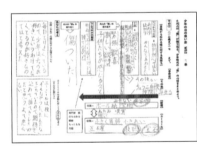

他者との交流で共感したことや気付いたことを記入する。

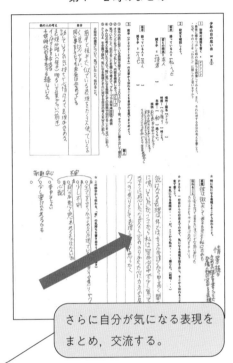

さらに自分が気になる表現をまとめ，交流する。

A 話すこと 聞くこと

B 書くこと

C 読むこと

●第3時

叙述を短い言葉で抜き出しながら心情を理解する。

・立場を明らかにして，グループで意見を述べ合いながらより深く二人の心情を理解する。

・どちらの問いも叙述をもとに，個人の基準で判断する。

・どう考えればよいか分からない生徒には，よいか悪いか，共感するかしないか，などで大まかに分けてからその内容を説明させる。

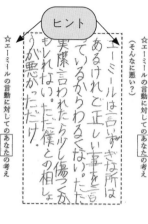

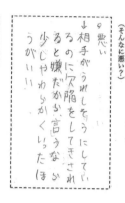

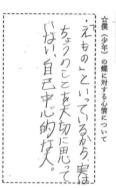

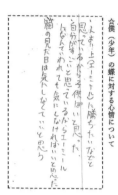

ヒント

☆エーミールの言動に対しての あなたの考え
（そんなに悪い？）
・エーミールは言いすぎな所はあるけれど正しい事を言っているからこわくない。ただ実際言われたら少し傷つくかもしれない。ただ僕との相性が悪かっただけ。

☆エーミールの言動に対しての あなたの考え
（そんなに悪い？）

9 悪い

☆「僕（少年）」の蝶に対する心情について
・相手がうれしそうにしているのに欠陥をしてきされると嫌だから、言うなら少しやわらかくいったほうがいい

あなたの考え
☆「僕（少年）」の蝶に対する心情について
・えものといっているから、実はちょっとした事を大切に思っていない、自己中心的な人。

あなたの考え
☆「僕（少年）」の蝶に対する心情について

●第4時

　場面の心情をまとめ，蝶をつぶしたときの心情を想像する。

→グループでJamboardを活用してまとめることを基本としたが，ワークシートへの記入や個人の取組も選択できるようにしている。

4人で分担して作成

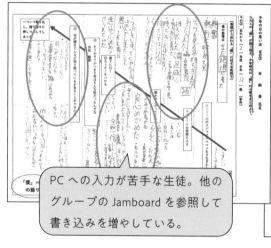

蝶についての描写や情景描写から伝わることをまとめる。

PCへの入力が苦手な生徒。他のグループのJamboardを参照して書き込みを増やしている。

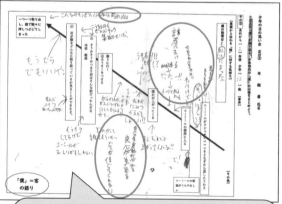

叙述を抜き出していない生徒も他者のボードを見て赤ペンで修正する。（○部分）

○オクリンクの記述内容の例

<table>
<tr><td>

変わらない

○「客」も話すのも恥ずかしい，と言っているし，少年時代も恥ずべきことと言っている。

○物語の初めが暗い雰囲気で，終わりも全体に暗いままなので，気持ちは変わっていない。

○嫌な思い出には違いがない。

○過去を語っても，気持ちはそれほど変わらない。

○何十年たってもあの出来事をまだ覚えているからこの先もずっと記憶に残り続けると思う。

○昔のことを思い出して余計つらくなるのでは。

</td><td>

変わった

○さっきまで自分は悪くなかったなんて思っていて恥ずかしい。

○30年間言わずにいたことを声に出して言ってみると，なにか印象が違うな，と思った。

○あの時は自分を守っただけだったと気づいた。

○エーミールが自分を友達と思っていてくれたことに気づき，謝りたいと思った。

○「私」の反応が気になる。

○はじめは「私」に共感してほしくて語り始めたが，自己中心的だったことに気づき，エーミールを傷つけて，本当は自分が悪かったと認めたと思う。

○はじめは少しでも自分のつらかった気持ちを分かってほしいと思っていたが，話し終えてからは痛い思い出だったと受け止めている。

○「君は悪くない」という言葉はほしくなくなった。

○勇気を出して話した。しかし，この人の心からは完全には消えない。もう少しこの思いと向き合えば，少しずつ楽になるのに近づくかもしれないと思っている。

○今はまだ蝶を見るとつらい気持ちがよみがえるが，また，「私」と話したい。

</td></tr>
</table>

・自分で決めた視点で他者の考えを分類し，まとめの付箋（表題）をつける。（○部分）

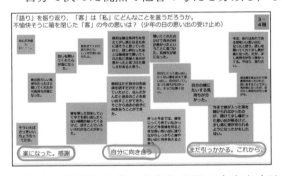 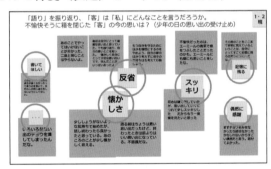

・各自で分類した後，他者と分類の内容を交流し，「客の変化」について考えを広げ，冒頭の場面と回想場面の描写とを結び付けて，「客」が少年の日の思い出を語ることの意味をまとめる。

●第6時

「客の変化」について，「変わらない」という生徒は少なく，「変わった」の内容は圧倒的に多様で具体的である。交流によって大きく広がった読み手の受け止めを，個人の考えに戻していくために，他の捉え方の分析である「分類」を行い，単元の課題の終結に向かわせる。「変わらない」と記述している生徒の変容を注視し，個別に助言する。 （木下千津子）

おすすめの読み方を伝え合おう
～様々な視点から作品を読み深める力をつける～

08

教 材　「星の花が降るころに」（光村）

1　単元について

　同じ作品を2回読んだとき，結論が分かっているからこそ味わえる伏線の面白さや情景描写の巧みさに気付くことがある。今回はそのような面白さを実感し，作品を味わうために様々な視点に気付かせることで，進んで読書をしようとする態度の育成へとつなげたい。

　教科書に示されている目標は，C読むこと(1)ウに基づいた，「場面と場面，場面と人物などの描写を結び付けて，作品を読み深める。」である。中学校学習指導要領解説国語編では，「複数の場面を相互に結び付けたり，各場面と登場人物の心情や行動，情景等の描写とを結び付けたりすることによって，場面や描写に新たな意味付けを行うことが重要である。また，どの描写と描写とを結び付けて考えるかによって解釈も多様になることが考えられる。」とある。つまり，一度理解していた事柄に，違う場面や人物・情景描写を結び付けることによって新たな意味付けができたり，多様な解釈を生むことができたりすることが「作品を読み深める」ことだと理解できる。何と何を結び付けて作品に新たな意味付けをするのか，個人の興味・関心に委ねながら様々な発見をさせていきたい。そして，個人が考えたことをグループや学級で共有する時間をもち，多様な考えに触れさせ，作品を読み深める資質・能力を育てていきたい。

2　単元の目標・評価規準

(1)　比喩，反復，倒置，体言止めなどの表現の技法を理解し使うことができる。

〔知識及び技能〕(1)オ

(2)　場面の展開や登場人物の相互関係，心情の変化などについて，描写を基に捉えることができる。　　　　　　　　　　　　　　　　　〔思考力，判断力，表現力等〕C(1)イ

(3)　目的に応じて必要な情報に着目して要約したり，場面と場面，場面と描写などを結び付けたりして，内容を解釈することができる。　　　　〔思考力，判断力，表現力等〕C(1)ウ

(4)　言葉がもつ価値に気付くとともに，進んで読書をし，我が国の言語文化を大切にして，思いや考えを伝え合おうとする。　　　　　　　　　　　　　「学びに向かう力，人間性等」

ICT の活用場面

[ツール・アプリ等] Google スライド　フォーム　Meet　Jamboard　ドキュメント
ミライシード（オクリンク）　ムーブノート（フォーム）

- ●第1時　　話の内容の大体をつかむ。（Google スライド）
　　　　　　作品を一文で表現する。（Google フォーム，Meet）
- ●第2時　　表現の技法を用いている部分とその効果について話し合う。（Jamboard）
- ●第3・4時　ジグソー学習の資料を作成する。（Google スライド）
- ●第5時　　グループで話し合ったことを発表し，まとめる。（Google スライド，ドキュメント）

知識・技能	思考・判断・表現	主体的に学習に取り組む態度
①比喩，反復，倒置，体言止めなどの表現の技法を理解し使っている。((1)オ)	①「読むこと」において，場面の展開や登場人物の相互関係，心情の変化などについて，描写を基に捉えている。（C(1)イ） ②「読むこと」において，目的に応じて必要な情報に着目して要約したり，場面と場面，場面と描写などを結び付けたりして，内容を解釈している。（C(1)ウ）	①粘り強く場面と場面，場面と描写などを結び付けて内容を解釈し，学習課題に沿って解釈したことを伝え合おうとしている。

A　話すこと聞くこと

B　書くこと

C　読むこと

3　単元の指導計画（全5時間）

時	主な学習活動 ★個別最適な学びの充実に関連する学習活動 ●協働的な学びの充実に関連する学習活動	・評価規準と評価方法
1	・「星の花が降るころに」を通読し，時・場所・出来事・登場人物・主人公の心情の変化をスライドとワークシートを使って整理し，話の展開や内容の大体をつかむ。 ・「主人公が，（　　）を通して（　　）する物語」の（　　）に当てはまる言葉を考え，一文で作品の内容を表現する。考えた一文は Google フォームに投稿してクラスで共有する。 （★ワークシート回収・補助プリントの配付（第3時の場面整理に向けて））	[思考・判断・表現] ① <u>ワークシート・Google フォーム</u> ・時間や場所，登場人物の相互関係などをもとに，主人公の心情の変化を捉えている。

2	・文章の中に用いられている表現技法とその効果について考え，ワークシートに書く。 ●4人グループでの話し合い（個人で考えたことをグループで話し合い，考えを広げる）	[知識・技能] ① <u>ワークシート</u> ・「比喩」「反復法」など，表現の技法が用いられている部分を指摘し，その名称と効果について説明している。
3	・次の三つの視点から物語を読み直し，新たな意味付けや解釈ができる場面などについてグループで考える。グループごとに視点を分担させ，ジグソー学習につなげる。 〈視点〉①主人公以外の登場人物，②情景描写， 　　　　③銀木犀や花びらなどの小道具 ★個人の興味に沿った描写や場面の選択，調べる手段の選択 ・同じ視点で考えている他のグループとワールドカフェをし，考えたことをスライドにまとめる。 ●ワールドカフェ （★ワークシート回収・補助プリントの配付（ジグソー学習に向けて））	[主体的に学習に取り組む態度] ① <u>観察・ワークシート</u> ・三つの視点に沿って複数の描写等に着目し，主人公の心情の変化を整理しようとしている。 ・自分に合ったやり方を考え，調べたり考えたりしながら作品に新たな解釈や意味付けをしようとしている。 ・話し合いを通して考えを広げ，作品の解釈に新たな気付きをもとうとしている。
4	・担当した視点以外のグループとジグソー学習を行い，二つ以上の視点を結び付けて作品に新たな解釈や意味付けをする。 ●ジグソー学習 （★ワークシート回収，補助プリントの配付（200字の作成に向けて））	[主体的に学習に取り組む態度] ① <u>観察・ワークシート</u> ・他の生徒の考えを踏まえて新たな発見をしようとしている。
5	・ジグソー学習のグループで話し合ったことをスライドを使って発表する。 ・「おすすめの読み方」と題して，関連させた視点や場面を根拠に，新たに意味付けられたことや解釈したことを200字でまとめる。 ・第1時でGoogleフォームに自分が入力した一文と200字を比較し，変化したことや理解が深まったことについて振り返る。	[思考・判断・表現] ② <u>ワークシート</u> ・複数の場面等を結び付け，新たに発見したことや意味付けたことを書いている。

4　個別最適な学びと協働的な学びの充実に向けた指導のポイント

(1) 個別最適な学びを充実させる視点から

〈「指導の個別化」の視点から〉

　単元の途中でワークシートを回収して評価規準に基づいて評価を行うと，「Bと判断する状況」に該当する生徒であっても困っていたり悩んでいたりする生徒がいることが分かる。ここでは「Cと判断する状況」の生徒を対象とした対応を紹介するが，困っている生徒のワークシートに少しアドバイスを入れて返却するだけでも，次の授業で生き生きと活動する姿が確認できる。それぞれの生徒に適した指導を行うことは，その生徒の学習をより充実したものにすることにつながるのである。

○本単元における「指導の個別化」の視点による指導の工夫

・授業終了後にワークシートを集め，評価規準に基づいて評価を行う。

・「Cと判断する状況への手立て」として，補助プリントを用意し，ワークシートに添付して返却したり，個別に助言したりする。

○第1時

　場面と場面などを結び付けながら作品に新たな意味付けをしたり，解釈を深めたりするためにも，内容の大体と主人公の心情の変化を理解できるように個別に助言する。

○第3時

　ジグソー学習を行う前に，自分のグループで考えたことが伝えられるようにしておきたい。本単元でも一番大きな活動となる場面である。（　）を埋めながら発表原稿が作成できるようなワークシートを用意しておき，スライドの内容を確認しながら教師と一緒に（　）を埋めて，ジグソー学習の準備をする。

○第4時

　第5時に，ジグソー学習を通して考えたことを200字でまとめるため，話し合った内容は理解させておきたい。補助プリントをもとに，新たな意味付けや解釈として書ける部分と根拠として書ける部分とに色ペンなどで線を引かせる。

〈「学習の個性化」の視点から〉

　学習の個性化では，生徒一人一人が，自らの興味・関心等に応じた視点をもとに調べたり考えたりしながら考えを深められるようにすることが大切である。本単元の学習では，様々な視点から作品の解釈を考えられるような仕掛けや問いを設定することで，学習の個性化を生むことができると考えられる。

そこで，第3時に次のような学習活動を設定した。

> 作品を一層楽しむために，どのような場面や描写に注目して読み直したらよいか，おすすめの読み方を考える。

「どのような場面や描写に注目して読み直すか」という投げかけがポイントである。どこに注目するかは個人に委ねられる。注目した部分について考えたり調べたりしても分からないときは，違う部分に注目し直し，考え直すこともできる。大いに許容し，考えることの楽しさを味わわせたい。

今回は第1学年ということもあり，視点を三つに絞って考えさせることとした。同じ視点で考える生徒が複数いたとしても，注目する場面は異なってくることが予想できる。それぞれ気になる場面に注目させることが，学習の個性化により思考力，判断力，表現力等を確実に育成していく第一歩と考える。何のためにその場面が描かれたのかをしっかりと考えさせ，新たな解釈や意味付けをできるようにしたい。

一般に授業内で生徒から驚くような発言や考えが出てくることがある。教師が想定していなかったそれらの発言も他の生徒の思考を深めるきっかけになる可能性がある。生徒が自ら考えたり調べたりして発見できたことを，まずは否定せずに，一緒に喜び受け止めていきたい。そのような教室の雰囲気が醸成されることで，もっと調べたいという意欲をもって主体的に学習する態度が育まれるものと考える。また，何を使って調べてもよいとすると，他教科の教科書を持ち出したり，様々な辞書を読み比べたり，1人1台端末を使って調べたりするなど，様々な手段を使って考えようとする姿が見られるようになる。学びたいという生徒一人一人の学習意欲に柔軟に対応していくことが大切である。

(2) 協働的な学びの充実に向けた視点から
第2時に次のような学習活動を設定した。

> Jamboard を使って，グループで考えの共通点や相違点を整理する。

個人で考えたことをグループで共有し，考えや視点を広げることが目的である。それぞれの考えをまとめていく際，共通点と相違点で整理することがポイントである。特に相違点を明確にすることで，異なる考えを組み合わせ，よりよい考えを生み出していくようにすることが大切である。同じ表現技法でも，効果について全く違う考えをもつことがあるかもしれない。考えの異なる相手の意見を否定するのではなく，受け止めることを大切にしたい。

第1学年の段階だと，一つの視点や一つの場面にのみ着目して結論付けてしまおうとする生

徒も少なくない。また今回は，学習指導要領の指導事項が示している「場面と場面，場面と描写などを結び付けたりして，内容を解釈する」力を育成するため，情景描写と登場人物の心情や複数の場面を結び付けることで得られる新たな解釈や意味付けをさせていかなければならない。そこで，ワールドカフェやジグソー学習を取り入れ，様々な視点から考えさせていくこととした。

5　授業の実際

●第1時　作品の内容を大まかにつかみ，主人公の心情の変化を捉える。
　　　　～作品を一文で紹介する～

　作品の内容を五つの場面に分けて整理し，主人公の心情がどのように変化したのかを確認する。第3・4時の活動を支える基礎的な部分である。主人公の心情の変化についてはしっかり押さえたい。

　また，授業の最後に，「主人公が，（　　　）を通して（　　　　）する物語」の（　）に言葉を入れてフォームで投稿する活動を設定した。第1時で自分が入れた言葉と第5時で記述した内容を比べさせ，自分の考えがどのように深まったかを振り返らせたい。

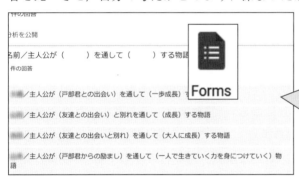

A 話すこと 聞くこと

B 書くこと

C 読むこと

・フォーム画面を Meet で共有したり，スクリーンで映したりしながら，即時に回答が共有できる環境をつくる。
・回答に共通している意見を紹介したり，何名か指名して（　）に入れた言葉の理由を発表させたりしながら，考えを広げさせる。

●第2時　作品に用いられた表現技法とその効果について考える。

　まずは個人で考えたことをワークシートに書かせる。考えたことを4人グループで話し合い，自分では気付かなかった考えに触れる。話し合いの際は，Jamboard を使って整理する。

〈個人〉

①抜き出した表現一つにつき1枚の付箋を使って貼る。

②①で貼った付箋の下に，効果について入

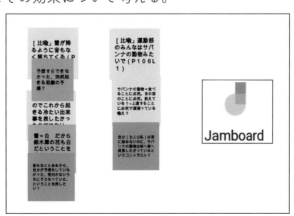

力した別の色の付箋を貼る。

〈集団〉

③同じ考えの付箋を重ねながら，貼られている付箋の内容を確認していく。

→効果について，新たな解釈が生まれた場合は，違う色の付箋を使って入力する。

④それぞれのグループで作成したJamboardを最後に教師が整理し，どのような意見が出たのか紹介する。次の時間から考える課題の参考にさせる。

※ワークシートの工夫

ワークシートに「分からないこと，困っていること」を記入する欄を設けたところ，「Cと判断する状況」ではない生徒からの記述もあった。解決のための視点を書いて返却したところ，次の時間の取組に変化が見られた。即時的な指導や助言は様々な場面で一定の効果があると感じている。

●**第3・4時** ワールドカフェ・ジグソー学習を通して，どのような場面や描写に注目して作品を読み直すか，おすすめの読み方を考える。

今回の単元の中で，ねらいを達成していくための一番大きな活動である。

ジグソー学習をイメージすると次の図の通りになる。（○数字は，そのグループの司会進行役を示している。） 1・4・7班が登場人物の視点，2・5・8班が情景描写の視点，3・6・9班が小道具の視点から作品を読み直し，新たな解釈や意味付けを考える（「最初のグループ構成」図）。次に1〜3班，4〜6班，7〜9班を一つのまとまりと考え，その中で移動させる（「ジグソー学習時」図）。移動後は，それぞれ別の視点で考えてきた人たちが集まる形になる。自分のグループで考えたことをそれぞれ発表させ，三つの視点から新たな解釈や意味付けを行うことが大切である。どの描写や場面を結び付けると新たな解釈ができるのかを根拠にして「おすすめの読み方」として全体で発表させていきたい。

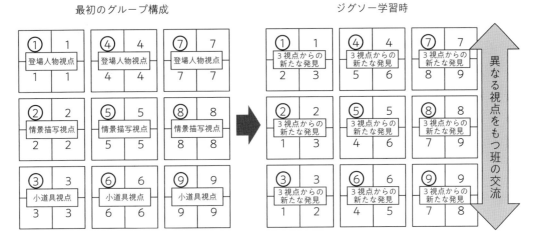

図 ジグソー学習のイメージ

ジグソー学習の前に，同じ視点同士のグループでワールドカフェを実施しておくとジグソー学習をより活発にすることができる。ワールドカフェを行うことで，自分のグループの意見の確かさを実感したり，違う解釈に触れ，考えにさらなる広がりをもたせたりすることができる。

ワールドカフェやジグソー学習では，自分のグループの考えを自らが説明しなければならない。何度も説明しているうちに，自分の考えも明確にまとめていくことができるようになる。自分の考えをまとめていく上でも，効果的な活動と言える。

●**第5時** ジグソー学習で考えたことをもとに「おすすめの読み方」を200字でまとめる。

最後に個人の活動に戻すことで，一人一人の理解を深めていくことができる。ジグソー学習班での発表を踏まえて，自分はどのように考えるのか，200字程度でまとめさせたい。①結び付ける場面や描写からどのような解釈ができるのか，②なぜその読みがおすすめなのか，を2段落構成でまとめる。共有ドキュメントでまとめさせると，生徒一人一人の進捗状況が分かり，即時的な評価も可能になる。クラスで読み合い，コメントをつける活動などをすると，より自分の考えを明確にしたり，深めたりすることができる。

（大橋　　里）

「空中ブランコ乗りのキキ」を読んで，「キキへの幸福論」を書こう

09

教 材 「空中ブランコ乗りのキキ」(三省)

1 単元について

　本教材は，空中ブランコ乗りのキキが四回宙返りを挑戦するまでの心情が三人称視点で細やかに描かれた教材である。本教材を通して，命を懸けて挑んだ四回宙返りを終えたキキは本当に幸せだったのか考えさせ，生徒自身の人生観・幸福論を見つめさせる。

　主な登場人物である団長やピエロのロロ，おばあさん，客のそれぞれがどのようにキキを捉え，どのような思いで接していたかを叙述から客観的に整理させ，キキ自身も気付いていない周囲からのキキの見られ方を考える。自分の人生の幸せは自分で決めるものとはいえ，自分だからこそ俯瞰的に見ることができないこともある。登場人物の思いを知ることで，キキの挑戦＝死という選択は本当に人生の幸せとなったのかどうか，生徒一人一人が自らの考えをもてるようにしていく。さらに，生徒には飛ぶ前夜のキキに対して自分の人生観・幸福論を亡き父の言葉として語らせる。サーカスの厳しさ，宙返りの厳しさを団長以上に知っていて，登場人物の誰よりもキキを愛する存在・受け入れる存在であり，天国からいつでも見守る俯瞰した存在として，キキの最後の決断の日にどのような言葉をかけるかを考え，人生とは何か，幸せとは何かについて考えをもたせたい。

2 単元の目標・評価規準

(1) 比較や分類，関係付けなどの情報の整理の仕方について理解を深め，それらを使うことができる。　　　　　　　　　　　　　　　　　　　　　　〔知識及び技能〕(2)イ

(2) 場面の展開や登場人物の相互関係，心情の変化などについて，描写を基に捉えることができる。　　　　　　　　　　　　　　　　　　〔思考力，判断力，表現力等〕C(1)イ

(3) 文章を読んで理解したことに基づいて，自分の考えを確かなものにすることができる。　　　　　　　　　　　　　　　　　　　　　　　〔思考力，判断力，表現力等〕C(1)オ

(4) 言葉がもつ価値に気付くとともに，進んで読書をし，我が国の言語文化を大切にして，思いや考えを伝え合おうとする。　　　　　　　　　　　　「学びに向かう力，人間性等」

ICT の活用場面

[ツール・アプリ等] Google Jamboard　スライド　ドキュメント

- ●第 1 時　　考えをスライドに入力する。（スライド）
　　　　　　Jamboard を開き，登場人物の付箋を動かして，関係性を書き加えていく。（Jamboard）
- ●第 2・3 時　話し合いで出た意見を Jamboard にまとめる。（Jamboard）
- ●第 4 時　　自己の変容を振り返りやすくするために，第 1 時で書いた幸せについての考えを比
　　　　　　較しながら，生徒自身の「人生」「幸せ」を書く。（ドキュメント）

知識・技能	思考・判断・表現	主体的に学習に取り組む態度
①比較や分類，関係付けなどの情報の整理の仕方について理解を深め，それらを使っている。（(2)イ）	①「読むこと」において，場面の展開や登場人物の相互関係，心情の変化などについて，描写を基に捉えている。（C(1)イ） ②「読むこと」において，文章を読んで理解したことに基づいて，自分の考えを確かなものにしている。（C(1)オ）	①進んで自分の考えを確かなものにし，学習課題に沿って考えを伝え合おうとしている。

A 話すこと 聞くこと

B 書くこと

C 読むこと

3　単元の指導計画（全 4 時間）

時	主な学習活動 ★個別最適な学びの充実に関連する学習活動 ●協働的な学びの充実に関連する学習活動	・評価規準と評価方法
1	・単元目標を知り，学習の見通しをもつ。 ★本文を通読し，「挑戦したことで死を選んだキキは幸せだったか」について考えを書く。 ★個別の Jamboard（1 枚目）に用意されている登場人物の付箋を動かして関係性を書き加え，全体の内容と主な登場人物を整理する。	
2	★それぞれの登場人物がキキをどう捉えているか叙述をもとに考え，個別の Jamboard（2 枚目…1 枚目のコピー）に入力するか，ワークシートに書く。 ●それぞれの登場人物のキキへの捉え方を，グループで話し合う。話し合って出た意見を Jamboard（3 枚目…2 枚目のコピー）に書く。	[思考・判断・表現] ① <u>ワークシート（Jamboard）</u> ・それぞれの登場人物がキキをどのように捉えているかについて，登場人物の言葉や行動，情景の描写などに着目して考えている。

3	★キキが人気にこだわるという価値観になった要因について叙述をもとに個人で考え，ワークシートに書く。 ●キキの人気にこだわるという価値観がつくり出された要因について，グループで話し合い，Jamboard に入力する。 ★これまで学習した自分の価値観に近い登場人物の視点や，相反する価値観の登場人物，人気にこだわる要因などを参考にして，「四回宙返りの前夜，亡き父から語りかける設定」で「キキへの幸福論」について付箋でプロットを作成・提出する。	[思考・判断・表現] ① <u>ワークシート</u> ・キキが人気にこだわる背景について，叙述をもとに考えている。 [知識・技能] ① <u>ワークシート</u> ・キキが人気にこだわるようになった様々な要因を比較し，共通点や相違点等に着目しながら整理している。
4	★教師が内容確認を終えたプロットをもとに，「四回宙返りの前夜，亡き父の視点に立ってキキに語りかける」という設定で，「人生」「幸せ」について考えたことをドキュメントに書く。 ●書けない生徒や書くことに不安がある生徒は，周囲の生徒と父（生徒自身）の立場で四回宙返りに挑戦すべきか否かを話し合ったり，助言をし合ったりする。 ★第1時に書いた「挑戦したことで死を選んだキキは幸せだったか」というスライドと，本時に父の視点に立って考えたことを含めて書いた「キキへの幸福論」のドキュメントを比較して，自分の変容をワークシートにまとめる。	[思考・判断・表現] ② <u>ワークシート（ドキュメント）</u> ・キキが人気にこだわるようになった要因を踏まえて，父の立場から「人生」「幸せ」について考えたことをまとめている。 [主体的に学習に取り組む態度] ① <u>ワークシート</u> ・単元の学習を振り返り，自分の考えを確かなものにするために試行錯誤したことや，自分の考えを伝えるために工夫したことをまとめている。

4　個別最適な学びと協働的な学びの充実に向けた指導のポイント

(1) 個別最適な学びを充実させる視点から

　本単元では，人生とは何か，幸せとは何かを考えるという課題を設定し，教材文の叙述に即して文章を解釈した上で，主人公の亡き父の視点に立って，自分の考えを表出するという言語活動に取り組む。

　第1時では，第4時につながる学習活動を行う。第4時に「人生観・幸福論」についての考えをもたせるため，第1時の前半では，「挑戦したことで死を選んだキキは幸せだったか」を考えさせる。その際，自分の出席番号のスライドに考えを入力させた。この工夫により，自分のペースで，必要に応じて他の生徒の意見を参照しながら自分の考えを記述することができるようにした。さらに，意見を発表する際にも，生徒がこのスライドを自由に見ながら発表を聞けるようにした。このことにより，音声で聞くだけでは理解することが難しい生徒であっても，スライドに入力された文字を見ながら発表を聞くことで，他の生徒の意見をしっかりと理解できるようにした。

　第3時では，授業中にプロットを組み立てる際，付箋を用いることで，付箋の多い生徒は自分なりに考えをもつことができている生徒，一方，付箋が少ない生徒は考えをもつことに課題が見られる生徒と，教師が生徒一人一人の学習の進捗状況を即座に確認することができる状況をつくった。このことにより，自分の考えをもつことに課題が見られる生徒に対して，これまでの Jamboard をもう一度振り返らせ，自分の価値観に近い登場人物や，自分と相反する価値観の登場人物を選ぶという課題について考えることをヒントに，授業の中で確実に自分の考えをもつことができるようにすることができた。

　授業終了時には，学習支援ソフトの提出機能を用いてプロットを提出させ，教師が内容を確認する。その際，「Bと判断する状況」に照らし合わせて，Cと判断した場合は「父の立場に立ったとき，あなたならば，四回宙返りの挑戦を止めるか，後押しするかどちらだろう。」などとさらなる助言のコメントを入力して生徒に返却した。その上で，第4時にドキュメントで文章として書いたものを再提出させた。第4時にドキュメントに書き込んでいる際も，周囲の生徒や教師がコメントによる助言を入力したり，声かけをしたりしていくことで，支援が必要な生徒により重点的な指導を行うようにした。

　さらに第4時では，それぞれで記入しながら不安になった点があれば，自由に相談し合えるような雰囲気づくりを行う。自分の意見を第3時のプロットで固めているからこそ，足りない部分や新たな視点を加えたい部分を自覚し，自己の学習の調整を図りながら，考えを深めていくことができる。

　第4時の後半では，自分の変容を自覚し，自己の学習の調整を図れるよう，第1時でスライドに書いた「挑戦したことで死を選んだキキは幸せだったか」という文章と第4時でドキュメ

ントに書いた「亡き父の視点からの人生観・幸福論」の作文を比較できるようにデスクトップに並べて表示させる。なお，個別最適な学びの一環として，長い文章をタイピングすることが難しい生徒には，ノートに手書きで書くことを認めているが，ノートに書いたため並べて見比べることが難しくなった場合は，手書きで書いた文章を写真に撮り，画像データをデスクトップに並べて表示することで，容易に比較できるようにした。このような柔軟な手立てを様々に工夫したい。

（2）協働的な学びの充実に向けた視点から

第2時では，それぞれの登場人物のキキへの捉え方を，グループで話し合う。まず，個人でそれぞれの登場人物がキキをどのように捉えているのかについて，その人物の言葉や行動，情景の描写に着目して考える。その後，自身の考えを広げ深めるために，交流を行う。同じ登場人物でも，着目した描写が生徒同士で違っていたり，同じ描写でも，ある一つの語句に着目してその語句の意味から考えるか，場面と場面を結び付けて考えるかで，一人一人の考え方は様々に広がるため，話し合いを通して，教え合ったり，新たな考えがひらめく契機にしたりすることができる。そのためには，単に自分の考えだけを伝え合わせるのではなく，「どの叙述に着目したのか。」「その叙述に着目すると，なぜそのように考えられるのか。」というように，着目した叙述や，その叙述からどのようにして自分の考えを導き出したのかという考えの筋道を互いに丁寧に伝え合うように指導することが大切である。話し合いの様子を確認しながら，考えを伝え合っているだけの状況が見られた場合は，教師がファシリテーター役として適宜グループの話し合いに参加し，それぞれの考えが深められるようにした。

第3時では，キキの価値観がつくり出された要因について，グループで話し合う。この学習課題は抽象度が高いため，丁寧に叙述に基づいて考えさせないと，本文から逸脱した考えを形成させてしまう可能性もある。そこで，個人で考えた後，交流を通して，サーカスの中でも花形の空中ブランコがもたらすキキへの影響や，物心ついたころには父を亡くしているという成育歴など，様々な観点から，改めて本文を読み直させることで，キキが置かれた状況を叙述に即して俯瞰的に理解できるようにする。

第4時では，プロットを参考に，生徒同士で交流して，助言しながら書き上げる。第3時に書いたプロットは，一度提出し，教師の助言を補足して返却しているが，その上で，周囲の生徒と四回宙返りに挑戦すべきか否かを再度話し合ったり，ドキュメントを共有しながら助言し合ったりすることで，生徒は一層幅広い視点から学びを深めていくことができると考えた。他の生徒の考えを参考にする際は，十分に吟味して，理解した上で，自分の言葉として表現するよう促した。学習の締めくくりとして，代表者のドキュメントを学年全体で共有できるように紹介することも，生徒の学びを深める手立てとして有効であろう。

5 授業の実際

●第1時

自分の出席番号のスライドを使用

初めて読んだ段階で「挑戦したことで死を選んだキキは幸せだったか」を考える。スライドにすることで,
①後に全体で意見を発表する際,意見が可視化され,理解に役立つ。
②書きづらい生徒は,他の生徒の意見を参考にしやすい。

登場人物によって「キキをどのように捉えているか」についての情報量が異なるため,主人公のキキ以外は,あえて付箋を端に配置する。

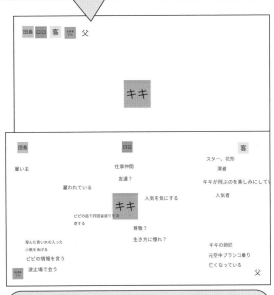

▲第1時ではテキストボックスを使用する。
▼第2時では第1時で使用したシートをコピーした2枚目のシートに,登場人物の色ごとの付箋を使用して,叙述をもとに考えた内容を追加入力する。

●第2時

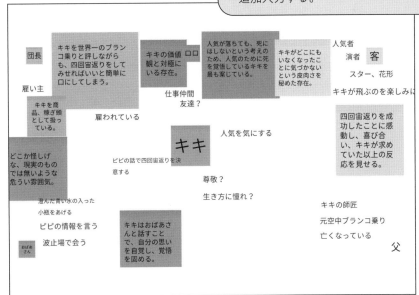

個人で自分のシートに入力

A 話すこと 聞くこと

B 書くこと

C 読むこと

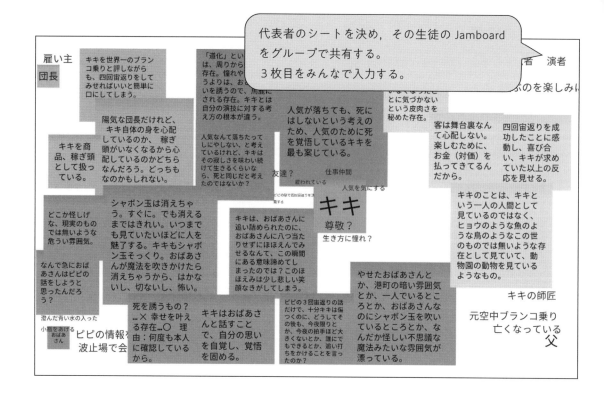

雇い主
団長

キキを世界一のブランコ乗りと評しながらも、四回宙返りをしてみせればいいと簡単に口にしてしまう。

陽気な団長だけれど、キキ自体の身を心配しているのか、稼ぎ頭がいなくなるから心配しているのかどちらなんだろう。どっちもなのかもしれない。

キキを商品、稼ぎ頭として扱っている。

「道化」というは、周りから浮く存在。憧れや尊うよりは、お笑いを誘うので、馬鹿にされる存在。キキとは自分の演技に対する考え方の根本が違う。

人気なんて落ちたってにいやしない、と考えているけれど、キキはその寂しさを味わい続けて生きるくらいなら、死と同じだと考えたのではないか？

人気が落ちても、死はしないという考えのため、人気のために死を覚悟しているキキを最も案じている。

友達？

仕事仲間

雇われている

ピピの駅で田町留留りをする

人気を気にする

客は舞台裏なんて心配しない。楽しむために、お金（対価）を払ってきてるんだから。

四回宙返りを成功したことに感動し、喜び合い、キキが求めていた以上の反応を見せる。

キキ
尊敬？
生き方に憧れ？

シャボン玉は消えちゃう。すぐに。でも消えるまではきれい。いつまでも見ていたいほどに人を魅了する。キキもシャボン玉そっくり。おばあさんが魔法を吹きかけたら消えちゃうから、はかないし、切ないし、怖い。

キキは、おばあさんに追い詰められたのに、おばあさんに八つ当たりせずにほほえんでみせるなんて、この瞬間にある意味諦めてしまったのでは？このほほえみは少し悲しい笑顔なきがしてしまう。

キキのことは、キキという一人の人間として見ているのではなく、ヒョウのような魚のような鳥のようなこの世のものでは無いような存在として見ていて、動物園の動物を見ているようなもの。

やせたおばあさんとか、港町の暗い雰囲気とか、一人でいるところとかにシャボン玉を吹いているところとか、なんだか怪しい不思議な魔法みたいな雰囲気が漂っている。

キキの師匠
元空中ブランコ乗り
亡くなっている
父

どこか怪しげな、現実のものでは無いような危うい雰囲気。

なんで急におばあさんはピピの話をしようと思ったんだろう？

澄んだ青い水の入った
小瓶をあげるおばあさん

ピピの情報を
波止場で会

死を誘うもの？
…×幸せを叶える存在…○ 理由：何度も本人に確認しているから。

キキはおばあさんと話すことで、自分の思いを自覚し、覚悟を固める。

ピピの3回宙返りの話だけで、十分キキは偏っくのに、どうしてその後も、今夜限りとか、今夜の拍手ほど大きくないとか、誰にでもできるとか、追い打ちをかけることを言ったのか？

●第3時

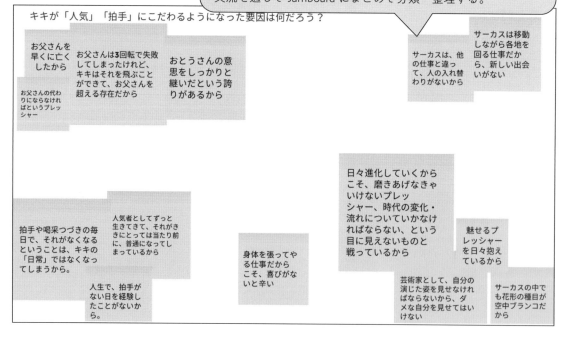

キキが「人気」「拍手」にこだわるようになった要因は何だろう？

お父さんを早くに亡くしたから

お父さんの代わりにならなければというプレッシャー

お父さんは3回転で失敗してしまったけれど、キキはそれを飛ぶことができて、お父さんを超える存在だから

おとうさんの意思をしっかりと継いだという誇りがあるから

サーカスは、他の仕事と違って、人の入れ替わりがないから

サーカスは移動しながら各地を回る仕事だから、新しい出会いがない

日々進化していくからこそ、磨きあげなきゃいけないプレッシャー、時代の変化・流れについていかなければならない、という目に見えないものと戦っているから

魅せるプレッシャーを日々抱えているから

拍手や喝采つづきの毎日で、それがなくなるということは、キキの「日常」ではなくなってしまうから。

人気者としてずっと生きてきて、それがきにとっては当たり前に、普通になってしまっているから

身体を張ってやる仕事だからこそ、喜びがないと辛い

芸術家として、自分の演じた姿を見せなければならないから、ダメな自分を見せてはいけない

サーカスの中でも花形の種目が空中ブランコだから

人生で、拍手がない日を経験したことがないから。

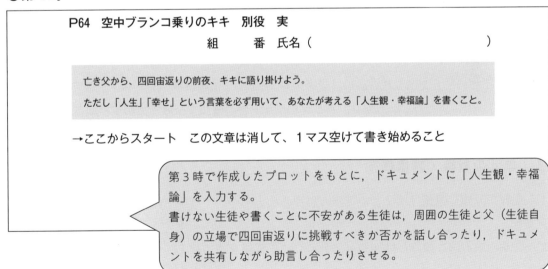

P64　空中ブランコ乗りのキキ　別役　実

　　　　　　　組　　番　氏名（　　　　　　　）

■亡き父から四回宙返りの前夜、キキに語り掛けよう。
　ただし、必ず「人生」「幸せ」という言葉を用いて、あなたが考える「人生観・幸福論」を書こう。

◎準備としてプロットを作成
　①付箋に何を書くか大まかに書く。
　②並び替えて、語り掛ける順番を決める。

※条件※
・付箋は横書き
・話し合いや相談をしてもよい
・話し言葉にすること
・「人生」「幸せ」という言葉を使用する

> 第3時の後半に行うプロット作成はワークシートで行う。（第4時に、「四回宙返りの前夜，キキに父が語りかける」という設定で，生徒自身の人生観・幸福論をドキュメントに入力させるが，その際，PC上に並べてあるよりもプロットが手元にある方が見やすいため。）また，ドキュメント入力は横書きのため，ワークシートも横書きにする工夫を行う。

教師はワークシートを集め，生徒の理解度を確認し，助言した上で，第4時へとつなげる。

●第4時

P64　空中ブランコ乗りのキキ　別役　実

　　　　　　　組　　番　氏名（　　　　　　　　　）

亡き父から、四回宙返りの前夜、キキに語り掛けよう。
ただし「人生」「幸せ」という言葉を必ず用いて、あなたが考える「人生観・幸福論」を書くこと。

→ここからスタート　この文章は消して、1マス空けて書き始めること

> 第3時で作成したプロットをもとに，ドキュメントに「人生観・幸福論」を入力する。
> 書けない生徒や書くことに不安がある生徒は，周囲の生徒と父（生徒自身）の立場で四回宙返りに挑戦すべきか否かを話し合ったり，ドキュメントを共有しながら助言し合ったりさせる。

　最後に，第4時に作成したこのドキュメントと第1時に作成したスライドを比較して，「人生観・幸福論」についての自身の変容をワークシートにまとめる。

（山内　麻美）

A 話すこと・聞くこと

B 書くこと

C 読むこと

書き方の工夫に着目して
説明的な文章を楽しく読もう

10

教 材　「ダイコンは大きな根？」（光村）

関連教材：「「学習の窓」一覧 説明的な文章を読むために」（光村）

1 単元について

　本教材は中学校に入学して最初に学ぶ説明的な文章である。小学校における説明的文章の学習成果の定着，中学校の学習の導入をねらいとして主に「段落」や「書き方の工夫」について学習する。特に，「段落」の役割については短く分かりやすい文章の読解を通じて明確に理解できるようになっている。授業では，「問い」と「答え」が軸となる文章の中心的な部分に焦点を当て，グループで意見を出し合うことによって，説明的文章に苦手意識をもつ生徒にも取り組みやすい指導を意識した。

　また，文章の中で「身近な題材（ダイコン）」を取り上げていること，「疑問形の題名」「比較」「具体例」「イラスト」などを用いる工夫によって，生徒たちが分かりやすく興味をもって読むことができる。

　本教材で「段落」の役割について押さえたことは，次の「ちょっと立ち止まって」で段落相互の関係を学び，文章の「構成」について捉えていくことにつながっていく。段階的に学ぶことで，文章読解や文章作成の基礎が身に付くことをねらいとしている。

　なお，「学習の窓」や同じ教科書の「思考のレッスン」「情報整理のレッスン」等の教材は学習内容が項目ごとにまとめられており，本教材の授業内容の確認や整理に活用することができる。

2 単元の目標・評価規準

(1)　比較や分類，関係付けなどの情報の整理の仕方について理解を深め，それらを使うことができる。　　　　　　　　　　　　　　　　　　　　　　　　〔知識及び技能〕(2)イ

(2)　文章の中心的な部分と付加的な部分について叙述を基に捉え，要旨を把握することができる。　　　　　　　　　　　　　　　　　　　　　〔思考力，判断力，表現力等〕C(1)ア

(3)　言葉がもつ価値に気付くとともに，進んで読書をし，我が国の言語文化を大切にして，思いや考えを伝え合おうとする。　　　　　　　　　　　　　　　「学びに向かう力，人間性等」

ICT の活用場面

[ツール・アプリ等] 電子黒板　デジタル教科書　検索ブラウザ　Google ドキュメント　Jamboard

●第1時　導入でダイコンや野菜の器官について確認する。オンライン参加の生徒にもよく見える
　　　　　ように配慮しながら共有する。（電子黒板，デジタル教科書）

　　　　　言葉の意味を1人1台端末で調べる。（検索ブラウザ）

●第2時　筆者の書き方の工夫について意見を出し合い，意見を共有する。（Jamboard）

　　　　　授業の最後には課題を作成し，提出する。（ドキュメント）

知識・技能	思考・判断・表現	主体的に学習に取り組む態度
①比較や分類，関係付けなどの情報の整理の仕方について理解を深め，それらを使っている。((2)イ)	①「読むこと」において，文章の中心的な部分と付加的な部分について叙述を基に捉え，要旨を把握している。（C(1)ア）	①積極的に文章の中心的な部分と付加的な部分について叙述を基に捉え，学習課題に沿って考えを伝え合おうとしている。

A 話すこと・聞くこと

B 書くこと

C 読むこと

3　単元の指導計画（全2時間）

時	主な学習活動 ★個別最適な学びの充実に関連する学習活動 ●協働的な学びの充実に関連する学習活動	・評価規準と評価方法
1	（★オンライン配信の生徒への指示・教材の確認） ・ワークシートに「ダイコン」の絵を描き，クラスで共有する。できれば簡単に着色する。 ★ダイコンについての知識とともに野菜の器官（「根」「茎」「葉」「花」「実」等）について知る。（電子黒板などで可視化して分かりやすく示す。） ・「ダイコンは大きな根？」という題名からどの器官なのか答えを予想する。 ・小学校での説明的文章の既習事項を確認する。 ・学習の見通しをもち，学習の目標を確認する。 ・音読を聞くことで全文を通読し，内容を捉える。 ・段落に番号を打ち，段落数を確認する。 ★新出漢字や言葉の意味を辞書や1人1台端末を用いて確認する。 ●叙述をもとにして「問い」と「答え」が書かれている段落をグループで探し，発表する。 ・「問い」と「答え」が二度繰り返されていることを全体で	[思考・判断・表現] ① <u>ワークシート①</u> ・表現や言葉の意味など叙述を基にして文章の「中心的な部分」「付加的な部分」を捉えている。 [主体的に学習に取り組む態度] <u>ワークシート①・観察</u> ・段落の役割を理解し，文章の内容を進んで読み取ろうとしている。

	共有する。 • 「問い」と「答え」についてそれぞれ簡潔にワークシートにまとめ，該当する段落を確認する。 • 教科書 p.266の「「学習の窓」一覧 説明的な文章を読むために」で「段落の役割の例」と「文章の中心的な部分」について確認する。 • ワークシートに段落の役割についてまとめる。 • 本時の振り返りを行う。	
2	• 前時の学習を振り返る。 • 各段落の内容をワークシート①をもとに確認して，「中心的な部分」「付加的な部分」を再度押さえておく。 • 文章全体を黙読する。 ★筆者が文章の書き方で工夫している点を考え，Google Jamboard（付箋機能）を活用し，グループ共有のボードにそれぞれが工夫点と考える内容を書いて貼り付ける。 ●ボードを見ながら，グループで工夫点を共有し，項目ごとに分類しておく。お互いの意見について共感したり質問したりして内容の理解を深める。その後，クラスで共有する。 • ワークシート②に工夫点を書き込む。共有した内容も書き込んでいく。 • 書き方の工夫点を学校での学習活動にどのように活用できるか考え，ワークシート②に書き込む。Google ドキュメントに書き込んでもよい。 ●自分の考えをもとにグループで話し合う。 ★話し合った内容をもとに，自分の考えをまとめて各自 Google ドキュメントで作成した課題（80〜100字）を教科の Classroom に提出する。提出前にグループの中で助言し合ってもよい。課題へのコメントが戻ってきたら加除訂正をして再度提出する。所定の時間を超えたら家庭での課題とする。 • 本時の振り返り	［知識・技能］① • 原因と結果，意見と根拠など情報と情報の関係について理解を深めている。 ［主体的に学習に取り組む態度］① 観察・ワークシート①②・提出課題 • 積極的に文章の中心的な部分と付加的な部分について叙述を基に捉え，筆者の書き方の工夫点の活用を考えるという学習課題に沿って考えを伝え合おうとしている。

4　個別最適な学びと協働的な学びの充実に向けた指導のポイント

(1) 個別最適な学びを充実させる視点から

　本教材は2時間で取り組む短い文章だが，中学校入学後に初めて読む説明的文章としてこれまでの学習が生きるような授業展開を心がけたい。また，各生徒の興味・関心や特性に対応するため，ICT機器の活用や発問の工夫を行う。生徒の状況に合わせてオンライン配信を行い，欠席していても授業（グループ活動）に参加できるよう配慮する。

　第1時では，これまで資料集や教科書で確認していた写真やイラストなどを，電子データを用いてより分かりやすく電子黒板に提示する。それによって様々な特性の生徒が安心して資料を確認できるようになる。また，言葉の意味を調べるときには，教師が一律に辞書または資料集を指定して使わせるのではなく，それらの紙媒体の資料に加え，1人1台端末も活用し，生徒が自らの特性や学習の進め方に適した手段を選択できるようにする。ただし，視覚的な資料を見るだけで終わってしまうと，そのときは理解したような気がするものの，関連する知識との結び付きを十分に形成しない「浅い理解」にとどまってしまうことがあるため，注意が必要である。そのため，自分が理解したことについて，ワークシートにメモを取らせたり，生徒同士で互いに説明させたり，教師が指名して説明させたりするなどして，言語化させて確認することなども大切である。

　第2時では，筆者が書き方を工夫している点について気付いたことをGoogle Jamboardの付箋機能を用いて書き込んでいく作業を個人で行う。色つきのデジタル付箋を用いることで，個別に分かりやすく考えがまとめられること，一度入力した内容を容易に加筆修正できること，自分のボードの内容をそのまま共有できることも，生徒が自らの特性に応じて効果的に学習を進めることにつながる。オンライン参加の生徒たちも共有することに負担がない。

　筆者の書き方の工夫は，個人→グループ→クラスで共有した後，その活用について考えていく。その工夫を他の学習活動にどのように活用するか，個人の考えをワークシートまたはGoogleドキュメントを使ってメモ書きにし，その後グループで発表して意見を交流し合う場面がある。メモは図式や箇条書きなど自分の特性や学習進度等に適した形式で作成させる。その後，交流での意見交換をもとにGoogleドキュメントで活用についての課題を作成し，オンライン上で提出させる。その際の書式についてはいくつかのフォーマットをサンプルとして示すが，一律のフォーマットを強制するのではなく，図式や箇条書きなど，自分が得意とする方法でまとめさせる。また，課題についてはオンラインによる提出を行い，指導者が個別のコメントで助言を行った上で再度提出する。「積極的に文章の中心的な部分と付加的な部分について叙述を基に捉え，筆者の書き方の工夫点の活用を考えるという学習課題に沿って考えを伝え合おうとしている」状況に該当しない生徒には，コメントとともに対面で個別の指導を丁寧に行う。

A 話すこと・聞くこと

B 書くこと

C 読むこと

（2）協働的な学びの充実に向けた視点から

　第1時では，文章の中の「問い」と「答え」が書かれている段落をグループで探すというシンプルな交流活動を行う。第1学年の交流活動であるので，司会と記録を決めて進行させる。「問い」と「答え」については叙述の中にヒントがあるので，そのヒントも一緒に交流することで段落番号の数字を答えるだけの時間にならないようにする。一般に問いの文には「でしょうか」「〜のか」や「なぜ」「どうして」等の言葉が出てくることが多い。また，交流活動が早く終わったグループからワークシートをまとめる作業に入れるようにグループで協力し合い，学習を効果的に進めていくことの大切さも意識させる。

　第2時では，筆者が文章の書き方で工夫している点を考え，まず個人で Google Jamboard（付箋機能）を用いてオンライン共有のボードに貼り付ける。それらをグループで共有して項目ごとに分類する。その内容を，電子黒板などを用いてクラス全体で共有する。共有する際は，ただ画面を見るだけで終わるのではなく，他者の考えを踏まえて意見や疑問点を出し合う双方向のやり取りを大切にできるよう，適宜，教師が「○○という考えがあるけれど，これについてはどう思いますか。」や「○○と書いてあるけれど，これは，どういうことを伝えようとしているか分かりますか。」と投げかけたり，意図的な指名を行って生徒に考えを述べさせたりするなど，ファシリテーターの役割を果たすようにする。

　また，この授業のまとめの課題である「筆者の書き方の工夫を具体的にどのような学習活動に生かすか」について自分の考えをもち，ワークシートまたは Google ドキュメントでメモを作成するが，メモを作成して終わるのではなく，それをもとにグループで意見交流を行う。この意見交流は，その後に，自分の考えをまとめる際のヒントを得るよい機会となる。教師は，各グループの話し合いの状況を捉え，司会と記録の担当メンバーがそれぞれに役割を果たすことで，異なる考え方が組み合わさり，よりよい学びを生み出していくことができるように助言していく。

5 授業の実際

〈授業について〉

①第1時は教科書とワークシート，辞書，1人1台端末，電子黒板を使用。第2時は教科書と
ワークシート，1人1台端末，電子黒板を使用。

②ワークシートは横書きとし，縦型のA4サイズ両面で作成する。

●第1時

第1学年「ダイコンは大きな根？」ワークシート①　　　　1年（　　）組（　　　　　）
　　　　　　（教科書 p.42〜45）

1　学習の流れ（学習時間…2時間）＊端末を使用

◆1時間目①ダイコンの絵を描こう。　　→　②ダイコンと野菜について知る。
　　　　　③これまでの学習を振り返る。　→　④学習の見通しをもち目標を確認する。
　　　　　⑤文章を読んで段落に分ける。　→　⑥本文の「問い」と「答え」に着目する。
　　　　　⑦段落の役割について知る。　　■振り返り

◆2時間目①前時の復習　→　②学習の見通しをもち，目標を確認する。
　　　　　③書き方の工夫について個人で考えた後，グループ，クラスで共有する。
　　　　　④書き方の工夫点の活用について個人で考えた後，グループで話し合う。
　　　　　⑤交流後に個人による課題作成・提出（端末）　■振り返り

2　各時間の目標
　1　(「問い」と「答え」に着目して　段落の役割　についてとらえよう。)
　2　(　書き方の工夫　をとらえ，どんな学習活動に生かせるか考えよう。)

　　　　　　　　　　　　　　　　　　　　　　　　　←枠内は生徒が記入

（1時間目）

1　ダイコンの絵を描いてみよう。

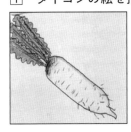

※絵の説明
Aは美術部の生徒が側根や胚軸
の色まで丁寧に描いていた絵で，
Bは比較的多かった筒状のダイ
コンの絵。

2　ダイコンと野菜についての知識を増やそう。

○野菜の器官について……デジタル資料で確認！

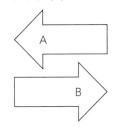

例：葉を食べる（キャベツ，小松菜……）
　　茎を食べる（アスパラガス……）
　　根を食べる（ゴボウ，人参……）　ダイコンは？

1人1台端末での検索も可能。ダ
イコンの可食部から大きな根なの
かという疑問に迫る。

○ダイコンは大きな根なのだろうか？　→（　根だと思う／茎なのでは？　）

3　**本文の音読を聞いて考えよう。**

○段落数　→（　　　　　　　　　）段落

> 範読の前に既習事項の確認をする。①説明文とは？
> ②既習の説明文　③段落の見分け方

4　**言葉の学習（タブレット・辞書）**

言葉	意味・使い方
器官	
豊富	
発揮	
いっぽう	
※予備	

> 意味調べは辞書でも1人1台端末でも可能とする。時間があれば生徒たちに調べる言葉を出させてもよい。

5　**「問い」と「答え」が書かれている段落をグループで探してみよう。** ※枠数は参考

問い	答え	「問い」と「答え」を探すヒント
②	③④	
⑤	⑥〜⑧	

6　**「問い」と「答え」の段落の内容をまとめよう。**

問い1 →段落②ダイコンの白い部分はどの器官か。
答え1 →段落③……
　　　　段落④……
問い2 →段落⑤
答え2 →段落⑥
　　　　段落⑦
　　　　段落⑧

> ヒント（主な生徒の意見）
> ■「問い」の文には「〜でしょうか」「〜のか」や「なぜ」「どうして」という言葉が出てくる。
> ■その「疑問」と書かれている前に「問い」がある。
> ■「答え」には「〜から」「〜ので」という言葉が使われる。
> ■「問い」段落のキーワードが「答え」のものと一致する。

チェック!!　教科書 p.266「説明的な文章を読むために」

7　**「段落の役割の例」と，「文章の中心的な部分」について確認した上で，段落番号を用いて全ての段落を役割ごとに分けてみよう。**

段落番号	役割	役割の内容

☆本時の振り返り　→（　　※目標と照らし合わせて書く。　　　　　　　）

第1学年「ダイコンは大きな根？」ワークシート②　　　　1年（　　）組（　　　　　　　）

（2時間目）

1　前時の振り返り

2　本文を黙読し，筆者の「書き方の工夫」を Jamboard の付箋に書いて貼り付けよう。

3　グループで共有し，項目ごとに分けてみよう。

4　クラスで共有しよう。

　■共有して気づいたこと，疑問に思ったことをメモしておいて聞いてみよう。

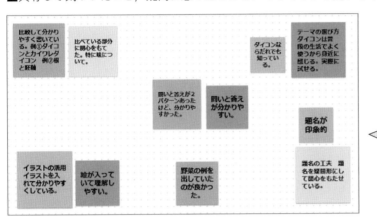

A　話すこと・聞くこと

B　書くこと

C　読むこと

グループにおける平均的な Jamboard の項目分けの様子。もっと意見が多いグループもあれば，声をかけて個別に指導したグループもあった。

5　クラスで共有した工夫点をどのようにして学校での学習活動に生かすか，80〜100字程度の文章で考えてみよう。

※その前に……※ Google ドキュメントにアイデアをメモしてもよい。

アイデアを出してみよう。　→グループで意見交流をしよう。

（生徒作品1）

　私は，この文章でダイコンという身近な題材を取り上げた工夫を主張作文に生かしたいと思います。社会的な内容を取り上げて書くことになっていますが，聞いていて身近に感じる内容の方が人の気持ちに訴えると思うからです。

（生徒作品2）

　説明文の中で比較することがすごく印象的だったので，来月にある社会のプレゼンテーションでテーマを決めて色々な国のことを比較して発表したいと思った。比較することで，違いが際立つ感じがした。比較するには資料をそろえる必要があると思う。

（山本美智代）

筆者の説明の仕方に学ぼう

11

教材▶「「言葉」をもつ鳥，シジュウカラ」(光村)

1　単元について

　本教材は，筆者が，シジュウカラの鳴き声にはそれぞれに意味があり，人間のように「言葉」をもっていると仮説を立て，それを検証していく過程を記した説明文である。シジュウカラは生徒たちにも身近な鳥であり，誰もが見たことはあると思うが，その鳴き声に着目したことはあまりないのではないかと思われる。そのため，生徒たちは新鮮な気持ちでこの説明文と出会うことができると考えた。

　本教材は，シジュウカラについての前提となる知識をもとに，仮説を立てて検証していく論の展開となっており，読み取りやすい文章である。仮説から問題点を見つけ，検証を続けていく展開の中に，筆者の思考や様々な工夫を読み取ることができる。

　また，筆者は，写真や図，グラフなどを多く掲載し，自説の展開を補助している。なかには，筆者自らが撮影した実験の記録も掲載されており，生徒も筆者と同時進行で課題を考えているような気持ちになれる。

　最後に筆者が「まだまだ驚きの発見がある」と述べているように，この文章をきっかけとして，子どもたちが自ら動物を観察したり，詳しく調べてみたりできるような期待ももてる。このような筆者の説明の仕方の工夫にも気付けるようにしていきたい。

2　単元の目標・評価規準

(1)　意見と根拠など情報と情報との関係について理解することができる。

〔知識及び技能〕(2)ア

(2)　文章の構成や展開について，根拠を明確にして考えることができる。

〔思考力，判断力，表現力等〕C(1)エ

(3)　言葉がもつ価値に気付くとともに，進んで読書をし，我が国の言語文化を大切にして，思いや考えを伝え合おうとする。

「学びに向かう力，人間性等」

ICT の活用場面

[ツール・アプリ等] Google スライド　Jamboard
- ●第3時　筆者の説明の仕方とその工夫を，グループで共有しながらまとめる。（Google スライド）
- ●第4時　筆者の結論に説得力をもたせる工夫について，グループで考えを共有する。（Jamboard）

知識・技能	思考・判断・表現	主体的に学習に取り組む態度
①意見と根拠など情報と情報との関係について理解している。（(2)ア）	①「読むこと」において，文章の構成や展開について，根拠を明確にして考えている。（C(1)エ）	①文章の構成や展開について粘り強く考え，学習の見通しをもって考えたことを文章にまとめようとしている。

3　単元の指導計画（全4時間）

時	主な学習活動 ★個別最適な学びの充実に関連する学習活動 ●協働的な学びの充実に関連する学習活動	・評価規準と<u>評価方法</u>
1	・本文を読み，全体の内容を捉える。 ★学習カードを用いて，目標と学習内容を確認する。 ・本文に，段落番号（形式段落）を記入する。 ・教師の範読を聞きながら，本文を読む。 ●教科書本文を，序論・本論・結論の三つのまとまりに分け，各まとまりの内容を確認する。 ・「仮説」や「検証」などの言葉の意味を，全体で確認する。 ・仮説を立てて検証していく論の展開と，「仮説＝筆者の考え」「観察・実験＝事実」であることを全体で確認する。 ・教科書本文を読んで，分かったことや考えたことなどの感想を，ワークシートに書く。	[主体的に学習に取り組む態度]　① <u>ワークシート</u> ・分かったことや考えたことなど，本文に出てくる言葉を使って感想を書き，見通しをもって学習に取り組もうとしている。
2	・筆者の説明の仕方を捉える。 ・グループ（3〜4人）で，序論を一文ずつ交替で読み，内容を確認する。 ・シジュウカラの説明と，筆者が立てた仮説の内容をノートにまとめる。	[知識・技能]　① <u>ワークシート</u> ・観点ごとに，筆者の考えと実験・観察による事実を読み分けて，意見と根拠の関係を表にまとめて

	・グループ（3～4人）で，本論を一文ずつ交替で読み，どのように仮説を検証しているか，内容を確認する。 ★筆者が立てた仮説を証明するための検証の内容を，観点ごとに表にまとめる。 ●表にまとめたものを互いに読み合い，全体で筆者の説明の内容を確認する。	明確にしている。
3	・前時のワークシートを用いて，筆者が出した結論と，それをどのような順番で説明しているかを確認する。 ・筆者の説明の仕方とその工夫について個人で考える。 ●グループごとに考えた内容を共有し，1人1台端末を用いて，筆者の説明の仕方とその工夫を Google スライドにまとめる。	
4	・結論に説得力をもたせるための筆者の工夫について再度考える。 ・筆者の説明の仕方とその工夫を発表する。 ・発表を聞き，筆者の結論に説得力をもたせるための工夫とその効果を考える。 ●筆者の結論に説得力をもたせる工夫について，1人1台端末を用いて（Google Jamboard）グループで考えを共有する。 ・筆者の説明の仕方のよさや説得力をもたせるための工夫について，自分の考えをワークシートにまとめる。 ★本単元で学習したことを生かして，動物や生き物について調べてみたい内容を考え，学習カードに記入する。	[思考・判断・表現] ① <u>Jamboard・ワークシート</u> ・筆者の結論に説得力をもたせるための工夫とその効果について，仮説の検証の仕方や図表などの示し方を根拠として，自分の考えを書いている。

4 個別最適な学びと協働的な学びの充実に向けた指導のポイント

(1) 個別最適な学びを充実させる視点から

　本単元では，文章の構成や展開について，根拠を明確にして考えていくことができるように，電子ファイルによるワークシートを用いて，学習活動を展開していく。電子ファイルによるワークシートは，学習支援ソフトの提出機能を用いることで，毎時間，生徒たちの学習状況を確認しながら授業を進めることができる。

　第2時では，筆者が立てた仮説を証明するための検証の内容を，ワークシートを用いて，観点ごとに表にまとめる学習活動を行った。ワークシートを用いることで，一人一人の生徒の学習状況を評価しながら，「Cと判断する状況」の生徒に対して重点的に指導する。本時では，「Cと判断する状況」の生徒に声をかけ，表のどの部分が分からないのかを聞いて，一緒に本文の内容を確認するようにした。その際，例えば，事実と筆者の考えを読み分けられるようにするために，考えの部分に色ペンで線を引くなどして，視覚的にも分かりやすくするよう工夫した。また，そもそも考えの部分がどこなのかが分からずに困っているような場合には，既習事項である文末表現について，教科書やノートを用いて振り返らせ，「～考えられます。」「～解釈できます。」「～結論づけられます。」などの文末表現が筆者の考えを表していることを確認させた。これらの助言の他に，必要に応じて，内容の要点を空欄にした個別のワークシートを配付し，取り組ませるようにしたい。

　第4時では，筆者の「じっくり動物たちを観察してみると，まだまだ驚きの発見がある」という最後の一文を受け，自分で課題を設定することに取り組ませる。どのような動物や生き物について調べるかは，個々に設定させる。その際，筆者が仮説を立てるに至った経緯を述べていたように，生徒にも課題設定の理由について述べさせるようにした。ここまでを第4時の学習とし，この後，実際に図書室で資料を読んだり，1人1台端末を活用してインターネットで調べたりするなどの学習は，自主的な発展学習として家庭学習で取り組むよう促した。本単元の時間には含めない家庭学習とすることで，各自の都合に合わせて学習の計画を立て，取り組めるようにした。このような自主的な発展学習を促すことで，調べたことを文章化し，図表を活用したりするなど，筆者の説明の仕方に学んだことを生かす機会を設定したのである。完成した説明文は，Google Classroomで共有するなど，生徒がいつでも閲覧して情報を共有できるようにし，一定の期間を決めて，互いの説明文にコメントできるようにしたい。この生徒作品は，本単元の観点別学習状況の評価を行うものではない。しかし，このような自主的な発展学習の機会を提供することで，観点別学習状況の評価では見取ることのできない生徒のよい点や進歩の状況などについて，個人内評価として積極的に評価し，生徒が学習したことの意義や価値を実感できるようにすることは大切だと考える。このような指導を通して，生徒一人一人が，自分自身の目標や課題をもって学習を進めていけるようにしたい。なお，このことは，単

元の冒頭で生徒に丁寧に説明し，学習の目的や評価についての考え方を共有しておくことが前提である。

(2) 協働的な学びの充実に向けた視点から

　本単元では，個で考える時間と，考えたことを発表して他者と交流し，その後，自身の考えを広げたり深めたりする時間を必ず設けるようにした。自分の考えがまとまらない，言葉にできないという場合であっても，自分とは異なる考え方をしている他の生徒の発言やワークシートの記述から，気付くことや学べることも多いと考えられる。また，自身の考えをグループ内で共有する際には，他の生徒から疑問に思ったことや分かりにくいと感じた点を指摘してもらい，それにはできる限り答えさせるようにした。このことにより，自分が無意識に行っている考えの飛躍に気付き，それを埋めていこうとすることで，自分の考えをより確かなものにしていけるようにした。

　第3時では，1人1台端末を用いて，筆者の説明の仕方とその工夫をGoogleスライドにまとめるようにした。まず，個々にワークシートで筆者の説明の仕方とその工夫を考えて記述させた後，グループで内容を共有するためにスライドを使用する。仮説から検証の流れを視覚化することで，個で考えたことも整理されていく。また，他者と協力しながら取り組むことで，考えを共有することができる。

　スライドはグループごとに配付し，それぞれ担当するページを確認して，作業に取り組ませる。仮説の内容や検証の具体的な内容をキーワードにしてボードにまとめていく。必要に応じて，文字の色を変えたりしてもよい。作業していく中で，他者のページを見ることもできるし，相談しながら進めることもできる。完成したスライドを用いて，他のグループに向け，筆者の説明の仕方とその工夫を紹介しながら，個々に筆者の説明の仕方の工夫について考えていけるようにしたい。

　第4時では，筆者の結論に説得力をもたせる工夫を，1人1台端末を用いてGoogle Jamboardで共有した。前時に取り組んだ筆者の説明の仕方とその工夫を発表し，そこから，筆者の説得力をもたせるための工夫を個々に考え，ワークシートに記入する。グループごとに自分の考えをJamboardの付箋に入力し，全体で考えを共有していく。付箋の色分け機能を活用し，グループごとに自分たちで色を決めてもよいし，教師が指定してもよい。例えば，説明の順序，図表，写真など，観点ごとに色分けをするとよいなどと，適宜アドバイスを行う。共有していく過程の中で，互いに気が付いた点を伝え合うことで，新たな気付きや，うまく表現できている内容などを知り，一人一人が考えを深められるようにした。それぞれの考えを共有し，最後は，筆者の結論に説得力をもたせる工夫を，自分の言葉で表現できるようにしていきたい。

5 授業の実際

●第1時　本単元で使用する学習カード（毎時間使用する）

学習カード「筆者の説明の仕方に学ぼう」

（　　）組（　　）番　氏名（　　　　　　　　　　　）

> ①筆者の意見とそれを支える根拠との関係を理解する。
> ②文章の構成や展開の効果について、根拠を明確にして考える。

> 目標を提示し，全体で確認する。

	学習内容	自己評価	学習を振り返って
1	本文を読んで、内容を捉えよう。	【態度】A・B・C 【理解】A・B・C	
2	筆者の説明の仕方を捉えよう。	【態度】A・B・C 【理解】A・B・C	
3	筆者の説明の仕方と、その工夫を考えよう。	【態度】A・B・C 【理解】A・B・C	
4	説得力をもたせるための筆者の工夫について考えよう。	【態度】A・B・C 【理解】A・B・C	

> ・毎授業の内容が確認でき，見通しがもてるようにする。
> ・毎授業の振り返りと，自己評価を記入する。教師への質問もできる。

◎今回学んだことをP134〜学習の窓「構成や展開の効果を考える」を読んでまとめよう。

◎動物や生き物に関して気になることを調べて〔　　　　　〕。

> ・本単元で学んだことを，ポイントを押さえて振り返ることができるようにする。

> ・第4時の後に，自分で課題を設定し，筆者の説明の仕方に学んだことを生かして書く。
> ・身近な動物や生き物，または，気になっていた動物の生態について思いを巡らせることができるようにする。

提出日：　　　　月　　　　日（　　　）

●第2時　内容の読み取りに使用するワークシート

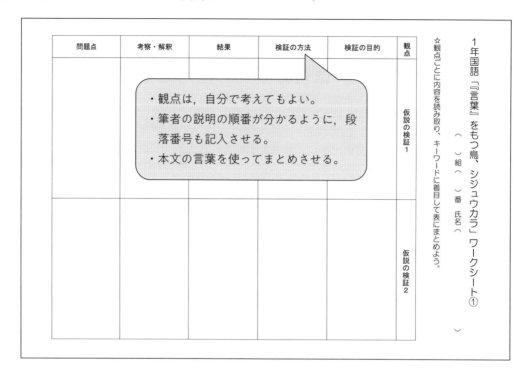

1年国語 『「言葉」をもつ鳥、シジュウカラ』 ワークシート①

（　）組（　）番　氏名（　　　　）

☆観点ごとに内容を読み取り、キーワードに着目して表にまとめよう。

問題点	考察・解釈	結果	検証の方法	検証の目的	観点
					仮説の検証1
					仮説の検証2

・観点は，自分で考えてもよい。
・筆者の説明の順番が分かるように，段落番号も記入させる。
・本文の言葉を使ってまとめさせる。

●第2時　筆者の説明の仕方とその工夫を考えるワークシート

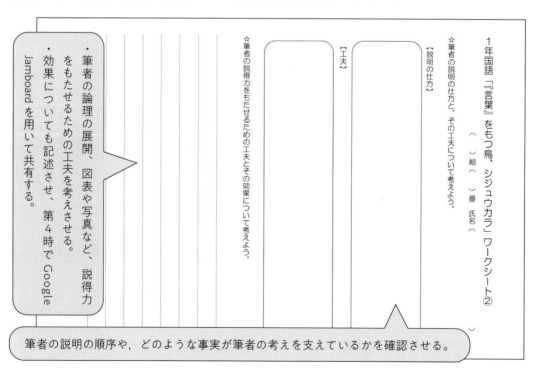

1年国語 『「言葉」をもつ鳥、シジュウカラ』 ワークシート②

（　）組（　）番　氏名（　　　　）

☆筆者の説明の仕方と、その工夫について考えよう。

【説明の仕方】

【工夫】

☆筆者の説得力をもたせるための工夫とその効果について考えよう。

・筆者の論理の展開、図表や写真など、説得力をもたせるための工夫を考えさせる。
・効果についても記述させ、第4時でGoogle Jamboardを用いて共有する。

筆者の説明の順序や，どのような事実が筆者の考えを支えているかを確認させる。

●第4時　Googleスライドを使用して説明する。

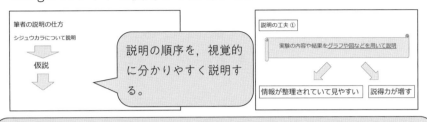

筆者の説明の仕方

シジュウカラについて説明
↓
仮説
↓

説明の順序を，視覚的に分かりやすく説明する。

説明の工夫①

実験の内容や結果をグラフや図などを用いて説明
↓　　　　↓
情報が整理されていて見やすい　　説得力が増す

3〜4人グループで考えを共有し，担当を決めてスライドを作成し，発表を行う。

説明の仕方②

事実と考えを
分ける工夫を
している。

筆者の検証から得た事実
→本論
事実に基づいた筆者の考え
→結論

読者にとって情報が整理されているから
読みやすい，理解しやすい。

考えと事実

筆者は考えと事実を明確に分けている。
例）　考え　　　　　　　　　事実
「もし「ジャージャー」という　「また，「ジャージャー」・・・同様
・・・示すかもしれないと　　　の結果となりました。」
考えたのです。」
※本文抜粋・一部省略
他にも「かもしれない」，「仮説」などの言葉が使われている。

●第4時　Google Jamboard を使用して共有する。

実験や観察などによるデータが豊富であり、正確性や信頼性が増している。

図表があることで、一目で結果を分析することができる。

順序だてて説明していく中で、問題点が出た場合に、もう一度検証していることを伝えることで、筆者に寄り添って読むことができる。

実験や観察の後に考えを書くことで、読者が理解しやすくなっている。

図表があることで、言葉で伝わりにくいところを補うことができる。

写真や映像がついていることで、読者がイメージしやすい。

最初に、シジュウカラについて詳しく説明することで、読者に興味をもたせることができる。

です・ます表現で柔らかく、親しみやすい。

実験や観察の様子が具体的で、筆者の研究に対する思いが読者にも伝わってくる。

・一つの内容で，一枚の付箋を使う。
・観点ごとに色分けをする。
・線を引いたりして，グルーピングするのもよい。

（馬場　雅美）

説明的な文章を読んで，要旨をまとめよう　12

教材▶「オオカミを見る目」(東書)
関連教材：「ダイコンは大きな根？」(光村)
　　　　　「ペンギンの防寒着」(三省)
　　　　　「自分の脳を知っていますか」(教出)

1　単元について

　本教材は中学校に入学して最初の説明的文章である。本単元では，文章の中心的な部分と付加的な部分，事実と意見との関係などについて叙述をもとに捉え，要旨を把握する力を育成する。本教材は，序論の「問い」，本論での「答え」，そして，結論に「筆者の考え」という分かりやすい三つの論の構成になっている。接続詞に着目することで段落相互の関係や展開も読み取りやすい。このような教材の特色を生かし，文章の構造を踏まえて，正確に要旨を捉えられるようにしたい。

　本教材では，オオカミに対する人間の見方・考え方について，読者が親しんできた童話をもとにして話題を提示している。主にヨーロッパと日本を比較して，文化の違いから捉え方が変わることを説明している。また，日本でも江戸時代からオオカミによる被害が相次いだため，時代によって，動物への見方・考え方が変化している。生徒にとって，これまでの経験に沿ったイメージをもちつつ，動物の見方・考え方に疑問を投げかけながら読み進めることができる。文章内で説明されているオオカミのイメージや，そのように見られるようになった背景を通して，筆者が伝えようとしていることを捉えられるようにしたい。さらに，個人の考えを共有する場面ではICT機器を活用しながら，互いに学び合う機会としたい。

2　単元の目標・評価規準

⑴　原因と結果，意見と根拠など情報と情報との関係について理解することができる。

〔知識及び技能〕(2)ア

⑵　文章の中心的な部分と付加的な部分，事実と意見との関係などについて叙述を基に捉え，要旨を把握することができる。　　　　　　　　　〔思考力，判断力，表現力等〕C(1)ア

⑶　言葉がもつ価値に気付くとともに，進んで読書をし，我が国の言語文化を大切にして，思いや考えを伝え合おうとする。　　　　　　　　　　　　　「学びに向かう力，人間性等」

ICT の活用場面

[ツール・アプリ等] Google ドキュメント　Google Jamboard

●第1～3時　構成や展開を読み，自分の考えを書く。（Google ドキュメント）

　　　　　　グループのボードを全体で共有する。（Google Jamboard, Classroom）

●第4時　　　要旨をまとめる。（Google ドキュメント）

　　　　　　単元の振り返りをする。（Google ドキュメント）

知識・技能	思考・判断・表現	主体的に学習に取り組む態度
①原因と結果など情報と情報との関係について理解している。（(2)ア）	①「読むこと」において，文章の中心的な部分と付加的な部分，事実と意見との関係などについて叙述を基に捉え，要旨を把握している。（C(1)ア）	①原因と結果など，情報と情報との関係について粘り強く理解し，今までの学習を生かして要旨をまとめようとしている。

3　単元の指導計画（全4時間）

時	主な学習活動 ★個別最適な学びの充実に関連する学習活動 ●協働的な学びの充実に関連する学習活動	・評価規準と評価方法
1	・単元の学習の目標と本時の課題を確認する。 （「オオカミを見る目」を読み，段落ごとの内容を捉えて大きな意味のまとまりを考える。） ・オオカミに対してもっているイメージを出し合う。 ・通読して印象に残った内容を述べる。 ・段落番号を確認して，「問い」の段落を挙げる。 ・それぞれの「問い」に対する「答え」の段落を挙げる。	
2	・前時を振り返り，本時の課題を確認する。 （「オオカミについてどのように説明しているか」書き方に注目しながら読む。） ・問いの段落，答えの段落，筆者の考えの段落を確認する。 （序論・本論・結論の構成を理解する。） ★本論の答えの段落に注目し，「原因と結果」の展開になっていることを捉える。 ★結論の段落を読み，「筆者がオオカミに関する具体的な事	[知識・技能] ① <u>ワークシート（Google ドキュメント）</u> ・「ヨーロッパと日本でのオオカミのイメージの違い」と「日本でのオオカミのイメージの変化」について，叙述に即して原因と結果をまとめている。

	例を通してどのようなことを伝えようとしているのか」について，自分の考えをメモする。 （★提出されたワークシートを確認し，本論からどのように生徒がつかんでいるかをコメントして返却する。）	
3	• 前時までの振り返りをして，本時の課題を確認する。 （文章の要旨について考える。） • 結論の段落を読み，文章全体とあわせて前時の自分の考え，教師のコメントを確認する。 ● オオカミに関する具体的な事例を通して筆者が伝えようとしていることについて，自分の考えをデジタル付箋に書き込み，グループと学級全体で共有する。 ● 本文のどの部分に着目して考えたかも含めて，グループで理由を伝え合う。 ● 全体で共有し，文章の構造を踏まえて，キーワードやキーセンテンスに着目して情報を整理するという要旨をまとめる際のポイントを確認する。	
4	• 前時の学習を振り返り，本時の課題を確認する。 （「要旨をまとめ，これまでの学習を振り返ろう。」） • 各自で文章全体を読み返し，ヨーロッパでも日本でもその時代の生活をもとにした人間の見方・考え方によってオオカミが左右された事実を踏まえ，「人の考えや行いは，置かれた社会の状況によって異なりもするし，また変化もしうるのだ」と一般化して筆者が伝えようとしていることを理解する。 ★ 文章の構造を踏まえて，キーワードやキーセンテンスに着目して要旨をワークシートにまとめる。 ★ 単元の振り返りを書く。	［思考・判断・表現］① <u>ワークシート（ドキュメント）</u> • 文章の構造を踏まえて，キーワードやキーセンテンスに着目して要旨をまとめている。 ［主体的に学習に取り組む態度］① <u>振り返りシート（ドキュメント）</u> • 単元の学習を通して，原因と結果の関係について理解したり，要旨をまとめたりするために試行錯誤したことを振り返り，次の学習に生かそうとしている。

4 個別最適な学びと協働的な学びの充実に向けた指導のポイント

(1) 個別最適な学びを充実させる視点から

　本単元では，第1時から，ワークシートは個別のデータを生徒に配付することにより，端末を介して，生徒一人一人の学習進度等を確認しながら授業を進めていく。各時間の最後には必ずワークシートを提出させるなどして，生徒個々のデータに教師がコメントによる助言を残せる環境を整えることが大切である。

　特に，第2時のワークシートでは，生徒が文章の叙述に即して理解した内容を可視化できるように，思考ツールをあらかじめ背景として設定している。今回は，ヨーロッパと日本，昔と今を座標軸にして読み取った内容を整理させる。前時の学習を踏まえ，本論のどの段落に着目するかを明らかにしながら，オオカミに対する人間の見方・考え方の変化に着目させ，その原因と結果に当たる情報を叙述に即して取り出せるようにしたい。ここでは，「ヨーロッパと日本でのオオカミのイメージの違い」と「日本でのオオカミのイメージの変化」について，叙述に即して原因と結果をまとめることができるようにするための手立てとして，生徒一人一人のワークシートに対して教師が個別にコメントを付して助言を行う。生徒一人一人の学習の状況を教師の端末で確認しながら，課題が見られる生徒を把握し，それらの生徒が学習を改善できるようなコメントを打ち込むことで，単元で身に付けさせたい力を確実に育成していく。

　第4時は，要旨をまとめる際にも，データによるワークシートを使用する。この内容についても，単元の評価規準に基づいて評価を行い，「Cと判断する状況への手立て」として教師のコメント機能を有効活用できる。

　また，第4時で単元の振り返りを行うが，年間を通して振り返りはICTを活用する。単元の終末に振り返りを行い，〔思考力，判断力，表現力等〕の各領域で一つの文章ファイルを用いて，領域ごとに年間を通した振り返りを行うことができるようにする。本単元では，「読むこと」のファイルを開いて，自分の学習の軌跡がたどれるように記入させる。本単元で身に付けた「文章の中心的な部分と付加的な部分，事実と意見との関係などについて叙述を基に捉え，要旨を把握する力」についての記述は，次の教材（説明的文章）を読むときに確認することで，学習の積み重ねを生徒に実感させるとともに，自分の特性や学習進度，学習到達度等を踏まえて，年間の学習の進め方の調整を促すこともできる。

(2) 協働的な学びの充実に向けた視点から

　本単元における協働的な学びの中心的な場面は，第3時である。筆者の考えを読んだ第2時の終末に，筆者が具体的な事例を通して伝えようとしていることについて考えさせる。教師は端末を用いて一人一人の考えを把握し，コメントを付すことで指導・助言する。その上で，生徒がコメントを踏まえて修正した考えを共有させることで，文章の構造を踏まえて，キーワー

ドやキーセンテンスに着目して要旨をまとめる方法を学ばせたい。方法としては，Google Jamboard を準備し，デジタルの課題として４人グループ（国語班）に割り当てる。４人同時にデジタルの付箋に書き込んで貼り付ける形式で，グループ内と学級全体で共有を図る。

　このときに多くの生徒の意見を参照できるように，一つのファイルを準備し，Classroom に設定する。クラス全員が一つのファイルにアクセスするようになるが，１枚目のホワイトボードに１班，２枚目のホワイトボードに２班……と書き込むように設定すると，全員が他の生徒の意見を参照することができる。このとき，ただ単に画面を眺めただけで学習が終わってしまうことがないように，本文のどの部分に着目して考えたかということを含めて，互いに考えた理由を伝え合うようにさせる。また，このような機会を捉えて，「異なる考え方を組み合わせたり参考にしたりして，よりよい学びを生み出す」という協働的な学習を行う目的を丁寧に生徒に伝え，学習の意義を理解させることも，主体的に学習に取り組む態度を養う上で重要だと考えている。

　また，このような協働的な学びを円滑に進めていくためには，電子データを共有する場面でのルールをつくり，生徒に守らせることも必要である。例えば，他のグループのボードには勝手に書き込まないというようなルールを設け，いつでも閲覧してよい環境を整えれば，より多くの生徒から，自分一人では気が付かなかったものの見方や考え方，言葉の使い方などを学ぶことが可能となる。

　グループ内で話し合いを進めている間に，教師は全体共有で取り上げたい内容を教師用端末を見て選んでおくと，授業を効率的に進めることができる。また，全体共有の際には，多様な生徒の考えを価値付けし，生徒に自信をつけさせるとともに，学習したことの意義や価値を実感できるようにすることも重要である。

5　授業の実際

●第 1 時

オオカミを見る目　ワークシート①　1時間目

1年(　　)組(　　)番 氏名(　　　　　　　　)

☆どの段落にどのような内容が書いてあるでしょうか。読んで確認しましょう。

問1　文章を読む前に、『オオカミ』にもっているイメージを書きましょう。

> 例　・かっこいい　・怖い　・遠吠えをする　・足が速い　・動物を食べ～
> 　　・赤ずきんちゃんに出てくる　・三匹のこぶたで家を吹きとば～

問2　文章を読んで印象に残った内容(初めて知ったことなど)を書き～

> 例　・オオカミが大きな神と言われていたことを初めて知って驚い～
> 　　・ヨーロッパでは動物を食べてしまうことで困っていてオオカ～
> 　　　ことが印象に残った。

> 基本的に，ワークシートは各生徒に電子版で送信してやり取りをする。第 1 時では，オオカミの印象を聞いた後に範読をし，構成は，序論・本論・結論の流れを段落番号で大まかにつかむ。

問3　段落番号を付けて全体の構成を確認しましょう。

| 序論 | 序論→オオカミの話題を出して「問いかけ」をする部分。
　　段落番号【　　～　　】
　　2つの問いかけの段落【　　　】 |

| 本論 | 本論→序論の問いかけに答える部分。
　　段落番号【　　～　　】

　　1つめの問いに答える段落【　　～　　】
　　2つめの問いに答える段落【　　～　　】 |

| 結論 | 結論→全体をまとめる部分。
　　段落番号【　　～　　】 |

> 本論はとても大きなまとまりである。序論での問いに答えるように，二つに分かれていることを捉える。

●第2時

第2時では，思考ツールを使用して，生徒が読み取ったことを可視化する。ヨーロッパと日本，昔と今の対比ができれば，図表で書き抜いてもよい。今回は，座標を確認するようなワークシートになっている。

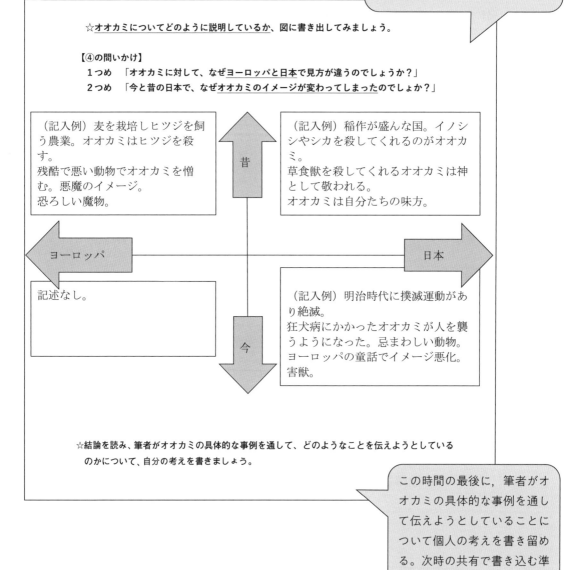

☆**オオカミについてどのように説明しているか、図に書き出してみましょう。**

【④の問いかけ】
１つめ　「オオカミに対して、なぜ**ヨーロッパと日本で見方が違う**のでしょうか？」
２つめ　「今と昔の日本で、なぜ**オオカミのイメージが変わってしまった**のでしょか？」

（記入例）麦を栽培しヒツジを飼う農業。オオカミはヒツジを殺す。
残酷で悪い動物でオオカミを憎む。悪魔のイメージ。
恐ろしい魔物。

昔

（記入例）稲作が盛んな国。イノシシやシカを殺してくれるのがオオカミ。
草食獣を殺してくれるオオカミは神として敬われる。
オオカミは自分たちの味方。

ヨーロッパ

日本

記述なし。

（記入例）明治時代に撲滅運動があり絶滅。
狂犬病にかかったオオカミが人を襲うようになった。忌まわしい動物。
ヨーロッパの童話でイメージ悪化。
害獣。

今

☆結論を読み、筆者がオオカミの具体的な事例を通して、どのようなことを伝えようとしているのかについて、自分の考えを書きましょう。

この時間の最後に，筆者がオオカミの具体的な事例を通して伝えようとしていることについて個人の考えを書き留める。次時の共有で書き込む準備をしておく。

文章の構造を踏まえて，キーワードやキーセンテンスに着目して要旨をまとめる。

> 振り返り学習は，毎時間ではなく，単元の終末に行う。構成，事実と意見の読み取り，要旨をまとめる上での言葉の見方・考え方について学習したことを書くように声をかける。個別に評価し，端末での課題返却の際に教師はコメントをつけ，学習の仕方を助言する。

1年　読むこと振り返りシート

1年（　　）組（　　）番　　氏名（　　　　　　　　　　）

説明的な文章　「オオカミを見る目」

○目標　事実と意見との関係などについて捉え、要旨をまとめる。

●授業後に振り返りましょう。

・問いに対する答えの段落があるなど、全体の構成を捉えることができた。	
・ヨーロッパと日本で起きた事実と筆者の意見を捉えることができた。	
・文章の構造を踏まえて要旨をまとめることができた。	

○できた　△もう少し

●「オオカミを見る目」を読んで、学習できたことやこれから説明的な文章を読むときに生かしたいことを書きましょう。

> 振り返りシートは，読むことでまとめ，単元ごとに再提出をして積み上げる。スクロールすると，次単元の学習について書く欄があるので，見返すことができる。

（大河内麻衣）

A 話すこと 聞くこと

B 書くこと

C 読むこと

竹取物語の面白いところを音読して 小学5年生に紹介しよう

13

教　材　「蓬萊の玉の枝──「竹取物語」から」（光村）
関連教材：「竹取物語」（東書）
　　　　　「物語の始まり──竹取物語──」（教出）
　　　　　「竹取物語」（三省）

1　単元について

　「竹取物語」冒頭文は小学校5年生の多くの教科書で取り上げられている。一方，中学校最初の本格的な古典として本教材に収録された「くらもちの皇子」や「ふじの山」の章段は，現代にも通じる登場人物の心の機微や言葉遊びなど，生徒の知的好奇心を喚起し，「竹取物語」の他の章段も読んでみたいと思わせることができる内容である。そこで，本単元では，自分の考える「竹取物語」の面白さを，他の章段を音読して小学生に紹介するという言語活動を設定した。

　また，単元の「知識及び技能」の目標を確実に達成するために，1人1台端末を活用した音読の学習に時間をかけている。生徒は，前の教材である「音読を楽しもう　いろは歌」で，歴史的な仮名遣いの読み方について理解している。ここでは，文節の区切りや意味の区切りに注意させて，より正確な音読を目指す。この学習を通して，正しい音読が語句の意味や文章内容の理解に大きな手助けとなることを実感させたい。また，自分の学習特性や習熟度に合わせた「音読のコツ」を自覚させ，今後の古典学習に活用させたい。

　なお，本単元は古典を読み，古典の世界に親しむことを主たる目的とすることから，単元の終末の「竹取物語」の面白さを音読とあわせて発表する言語活動については，「話すこと・聞くこと」としての評価はしない。

2　単元の目標・評価規準

(1)　音読に必要な文語のきまりを知り，古文を音読し，古典特有のリズムを通して，古典の世界に親しむことができる。　　　　　　　　　　　　　　　　〔知識及び技能〕(3)ア

(2)　場面の展開や登場人物の相互関係，心情の変化などについて，描写を基に捉えることができる。　　　　　　　　　　　　　　　　〔思考力，判断力，表現力等〕C(1)イ

(3)　言葉がもつ価値に気付くとともに，進んで読書をし，我が国の言語文化を大切にして，思いや考えを伝え合おうとする。　　　　　　　　　　　　　　「学びに向かう力，人間性等」

ICT の活用場面

[ツール・アプリ等] ロイロノート・スクール（以下「ロイロノート」） 検索ブラウザ
　　　　　　　デジタル教科書（なければ二次元コード読み取り機能）

●第1時　原文の音読を繰り返し聞く。（デジタル教科書）

　　　　録音機能を使い音読を自己評価・相互評価する。（ロイロノート）

●第2時　シンキングツールと共有機能を使い，人物像を多面的に捉える。（ロイロノート）

●第3時　竹取物語（原文・現代語訳）を検索し，読む。（検索ブラウザ）

●第4時　共有機能でグループの発表原稿をつくる。（ロイロノート）

知識・技能	思考・判断・表現	主体的に学習に取り組む態度
①音読に必要な文語のきまりを知り，古文を音読し，古典特有のリズムを通して，古典の世界に親しんでいる。（(3)ア）	①「読むこと」において，場面の展開や登場人物の相互関係，心情の変化などについて，描写を基に捉えている。（C(1)イ）	①進んで古文を音読し，学習課題に沿って「竹取物語」を味わい，面白さを伝えようとしている。

3　単元の指導計画（全4時間）

時	主な学習活動 ★個別最適な学びの充実に関連する学習活動 ●協働的な学びの充実に関連する学習活動	・評価規準と評価方法
1	・竹取物語について知っていることを話し合い，小学校での既習事項を振り返る。 ・全文を通読し，「竹取物語」について新たに知ったことを話し合う。 ・学習の二つの目標を知り，見通しを立てる。 ★「蓬莱山の様子」の部分の音読を練習し，自分の音読を録音する。 ●グループで録音を聞き合い，音読の仕方について相互に助言をする。そこから大切なポイントを選び「音読のコツ」とする。 ・音読で気付いた古文特有の語句について，全体で確認する。 ★さらに練習，相互評価を繰り返し，最終的にうまくいった音読録音をロイロノートで提出する。	[主体的に学習に取り組む態度] ① <u>ワークシート</u> ・繰り返し古文を音読し，相互評価をしたり音読のポイントをまとめたりしようとしている。 [知識・技能] ① <u>ロイロノートで提出された音声</u> ・歴史的仮名遣いを正しく発音したり，文節や意味のまとまりで区切って音読したりしている。

2	・前時の振り返りをする。 ・「音読のコツ」について全体共有をする。 ・ロイロノートによる個別の指導・助言の確認 ★助言や「音読のコツ」をもとに，「ふじの山」の部分の音読を練習する。録音を繰り返し，最もうまくいったと思うものをロイロノートで提出する。 ・古文特有の語句を全体で確認する。 ●本文全体を再読し，「かぐや姫」「くらもちの皇子」「帝」の人物像を捉え，まとめる。（個人で取り組み，ロイロノートでウェビングマップを共有してグループで人物像を膨らませ，個人で表にまとめる。）	[知識・技能] ① <u>ロイロノートで提出された音声</u> ・歴史的仮名遣いを正しく発音したり，文節や意味のまとまりで区切って音読したりしている。 [思考・判断・表現] ① <u>ワークシート</u> ・場面の展開や，行動や情景の描写に着目して，人物像を捉えている。
3	・前時に学習した人物像について，ワークシートのすぐれた記述を共有しつつ，「竹取物語」が千年以上も読み継がれている理由について意見を交わす。 ★自分が考える「竹取物語」の面白さとその理由をロイロノートで提出する。 ★「竹取物語」が掲載されている書籍やウェブサイトを使って，自分の考えた「面白さ」につながるような箇所を探し，カメラ機能やスクリーンショット機能等を利用して，原文をロイロノートに貼り付ける。	[主体的に学習に取り組む態度] ① <u>ロイロノートで提出されたノート</u> ・学習課題に沿って「竹取物語」の面白さについて伝えようとしている。 [思考・判断・表現] ① <u>ロイロノートで提出されたノート</u> ・「竹取物語」の他の部分を読み，場面の展開や登場人物の相互関係，心情の変化などに着目して考えた「面白さ」が伝わりそうな場面を選んでいる。
4	●前時に提出された「面白さ」を読み合い，伝えたいことが同じ生徒で発表のグループをつくる。 ・見本の原稿を読み，発表をイメージする。 ●グループ内で原文のどこを音読するかを決め，分担して音読練習をする。 （前時にロイロノートで提出された原文テキストを教師があらかじめ朗読したものを録音して配付しておく。） ●ロイロノートの共有機能を使い，見本の原稿を参考に，①面白さとして伝えたいこと②あらすじ③原文の3枚のカードで発表原稿をつくる。 ・互いの発表を聞き合った上で，「竹取物語」の面白さをワークシートにまとめ，学習を振り返る。	[知識・技能] ① <u>音読発表</u> ・歴史的仮名遣いを正しく発音したり，文節や意味のまとまりで区切って音読したりしている。 [主体的に学習に取り組む態度] ① <u>ワークシート</u> ・他のグループの発表内容に触れながら，竹取物語の面白さについて自分の考えを深めようとしている。

4　個別最適な学びと協働的な学びの充実に向けた指導のポイント

(1) 個別最適な学びを充実させる視点から

　本単元は，古文を正しく音読することを目標にしている。ここで言う「正しく」とは，歴史的仮名遣いを適切に読むことと，文節や意味の区切れを不自然にならないように区切って読むことである。その練習には，次のように１人１台端末の機能を十分に使っていきたい。

　まず，模範となる朗読は，デジタル教科書がインストールされた端末なら自分が聞きたいタイミングで繰り返し聞いて確かめることができる。デジタル教科書がなくても，教科書に記載された二次元コードから再生が可能である。また，録音機能を使って自分の音読を録音し，読み間違いをチェックしたり，互いの音読の仕方について相互評価をしたりすることで，自分の特性や学習到達度等に応じて学習を進めることができる。

　第１時では１人１台端末の録音機能を使い，自分の音読を聞いて確認し，最もうまくいったものをロイロノートで提出させる。ここでは「指導の個別化」を工夫することで，生徒は様々な学習の進め方を見いだしていく。ある者は繰り返し模範の朗読を聞いて覚える。ある者は，現代語訳から文節や意味の切れ目を推測し，区切り方を考えて読む。繰り返し出てくる接頭語や助詞・助動詞などに気付き，区切り方を考える生徒もいる。テキストに自分で考えた記号を書き込んで，音読の助けにする生徒もいる。相互評価をする中で，音読に大切なポイントを「音読のコツ」として共有し，自分に合った音読上達の方法に自覚的になることで，第４時に教科書以外の部分を音読する際にも生かすことができるし，今後の古典学習でも活用できるだろう。このような学習を通して生徒の「主体的に学習に取り組む態度」を十分に育成したい。

　第１時の最後にはロイロノートで音読録音を教師に提出させることで，教師は「Ｂと判断する状況」（正しく歴史的仮名遣いを発音したり，文節や意味のまとまりで区切って音読したりしている）に該当するかどうかを評価し，Ｃと判断した生徒に助言をしてフィードバックさせる。生徒が自分の特性や学習進度，学習到達度等に応じた学習の調整を図ることができるように，授業中に納得のいく音読ができなかった生徒や，支援の必要な生徒については，家庭学習で取り組んだ後に提出することも認めたい。第２時には，生徒は返却された助言を参考に次の課題に取り組む。その際，教師は，単元の目標(1)を確実に達成できるように，第１時でＣと判断している生徒に重点的に指導する。

　第３・４時の言語活動では，「竹取物語」の他の部分を読んで，「自分が考える面白さ」がよく表れている一節を紹介する。「５　授業の実際」（p.123～）で生徒が記述しているように，くらもちの皇子以外の貴公子の「失敗」がどのようなものであるかとか，他にはどのような言葉遊びがあるのかとか，平安時代なのにSF的な世界観であるところなど，生徒の興味・関心の対象は多様である。このような興味・関心に即して「竹取物語」を読み進めるという発展的な学習を行うことで，「学習の個性化」を図り，生徒の思考力，判断力，表現力等を一層伸ばして

いくことができると考える。

　生徒は各自が「自分が考える面白さ」を説明するために，本やインターネットの資料から原文と対訳に当たる。その際に教師は，図書館指導員と協力して適切な書籍を集めたり，分かりやすいインデックスがついたウェブサイトをブックマークして提供したり，生徒の相談に直接助言したりするなど，一人一人が自分に合った学習を進められるようにする。そして，選んだ原文を第4時に音読で紹介することにより，前半で繰り返した音読学習の成果を表す。そのための準備として，第3時に生徒が選んだ一節を画像としてロイロノートで提出させ，そこに教師が手本となる朗読を録音して配付しておくとよい。

（2）協働的な学びの充実に向けた視点から

　第1時の音読の学習では，グループでの相互評価によって，自分では気付きにくい読み方の間違いを指摘し合わせる。同時に，それぞれが気付いた「音読のコツ」を教え合うことによって，自分の課題解決に役立たせるようにする。正確な音読ができることは，古文の内容理解の助けになり，高校まで続く古典学習につながる汎用性の高いものである。協働的な学習によって自分の気付きを他者に伝えることで，より確かな知識及び技能となるだろう。

　第2時では，人物像についてまずは個人で考える時間を取る。次に，グループでウェビングマップに書き込みをする形で意見を出し合い，人物像を膨らませる。その際，ロイロノートの共有機能で書き込みを同時にしていくことができる（「5　授業の実際」を参照）。できあがったウェビングマップを参考に，個人で人物像を表にまとめさせることで，他者の考えを取り入れ，人物像をより多面的にしつつ，自分の考えを確かなものにすることができるようにする。

　第3時では，第2時で人物像を探ったことを踏まえながら，自分が考える「竹取物語」の面白さを考えさせ，第4時で，同じ考えの生徒同士でグループを組む。学級の実態によっては第4時の前に，教師が事前にグループを組んでもよいだろう。グループでは各自が前時に選んだ，面白さが表れている一節を比較検討し，最適な箇所を選ぶ。協働して比較検討を行う過程で，「どうして面白いのか」「どんなことが面白いのか」が言語化され明確になっていく。それをすくい上げて，発表させたい。

　そして，発表を聞き合うことで，個人の考えを明確にし，古典の世界への親しみを確かなものにしてこの単元のまとめとする。

　なお，ここでは「竹取物語の冒頭文を学習した小学校5年生に，自分たちが思う面白さを伝える」という設定にした。小中連携ができる学校なら，実際にオンラインで結んだり，動画で撮影したりするなどして小学生に見てもらえると，自分たちの学びの成長が実感できるよい機会となる。その際，オンラインのアンケートフォームを活用することで，小学生からの感想のフィードバックを容易に受け取ることも可能である。このような他者とのやり取りも，生徒の学びを深めることにつながるであろう。

5 授業の実際

●第1時

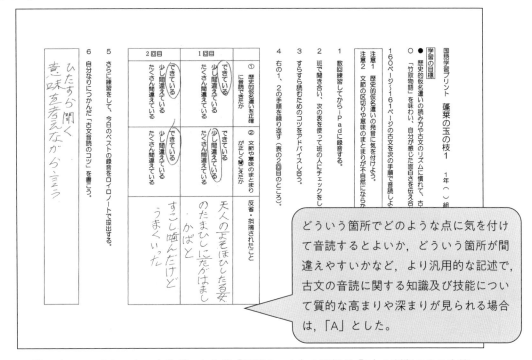

国語学習プリント　蓬莱の玉の枝1　1年（　）組

【学習の目標】
● 歴史的仮名遣いの読み方や古文のリズムに慣れて、古文の「竹取物語」を味わい、自分が感じた面白さを伝え合う。

○ 160ページ～161ページの古文を次の手順で音読しよう。

注意1　歴史的仮名遣いの発音に気を付けよう。
注意2　文節の区切りや意味のまとまりが不自然にならない…

1　数回練習してから i-Padに録音する。

2　班で聞き合い、次の表を使って班の人にチェックをし、すらすら読むためのコツをアドバイスし合う。

3　歴史的仮名遣いを正確に音読できたか

4　右の1、2の手順を繰り返す（表の2回目のところ）。

	①	② 文節や意味のまとまりが正しく聞こえたか	反省・指摘されたこと
1回目	できている 少し間違えている たくさん間違えている	できている 少し間違えている たくさん間違えている	天人のよそほひしたる女のたまひしにたがはましかばと・すこし噛んだけどうまくいった
2回目	できている 少し間違えている たくさん間違えている	できている 少し間違えている たくさん間違えている	

5　さらに練習をして、今日のベストの録音をロイロノートで提出する。

6　自分なりにつかんだ「古文音読のコツ」を書こう。
ひたすら聞く意味を考えながら言う

> どういう箇所でどのような点に気を付けて音読するとよいか、どういう箇所が間違えやすいかなど、より汎用的な記述で、古文の音読に関する知識及び技能について質的な高まりや深まりが見られる場合は、「A」とした。

第1時のワークシート　自分がつかんだ「音読のコツ」の評価が「B」と判断できる生徒

A　話すこと
聞くこと

B　書くこと

C　読むこと

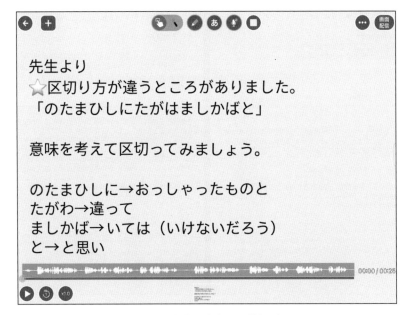

先生より
☆区切り方が違うところがありました。
「のたまひしにたがはましかばと」

意味を考えて区切ってみましょう。

のたまひしに→おっしゃったものと
たがわ→違って
ましかば→いては（いけないだろう）
と→と思い

第1時で、ロイロノートで提出された音読の音声に、教師がフィードバックしているところ

●第2時

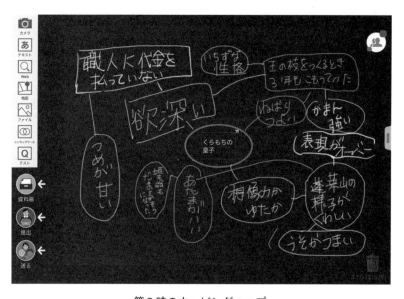

第2時のウェビングマップ
登場人物ごとの共有ノートに，グループの生徒が書き込んでいく。
一つの言動でも多面的な見方をしてみるように助言する。

●第3時

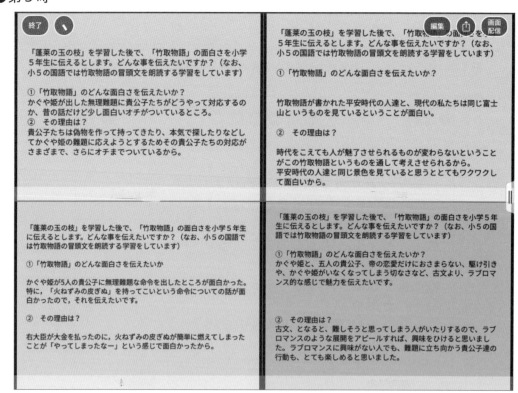

第3時　ロイロノートで提出された「竹取物語」の面白さ

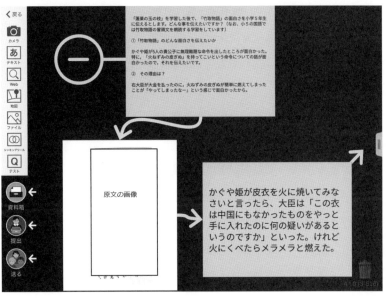

第3時　自分の考える「面白さ」に原文と現代語訳を関連付けているところ

●第4時

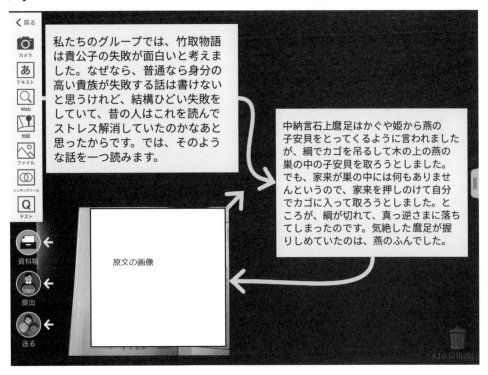

教師が提示した発表用の原稿見本

（木村　朱美）

執筆者一覧 （執筆順）

田中　洋一　　東京女子体育大学名誉教授

鈴木　太郎　　文部科学省初等中等教育局教育課程課教科調査官

小谷　綾香　　墨田区立桜堤中学校

結城　圭絵　　東大和市立第四中学校

相澤菜々子　　葛飾区立中川中学校

杉田あゆみ　　武蔵野市立第四中学校

谷坂　龍蔵　　台東区立御徒町台東中学校

勝田　敏行　　東京都教職員研修センター

木下千津子　　板橋区立中台中学校

大橋　　里　　八王子市立由木中学校

山内　麻美　　立川市立立川第六中学校

山本美智代　　青梅市立泉中学校

馬場　雅美　　府中市立府中第八中学校

大河内麻衣　　小平市立小平第六中学校

木村　朱美　　杉並区立和泉中学校

【監修者紹介】

田中　洋一（たなか　よういち）

東京女子体育大学名誉教授。横浜国立大学大学院修了，専門は
国語教育。東京都内公立中学校教諭を経た後，教育委員会で指
導主事・指導室長を務め，平成16年より東京女子体育大学教授，
令和5年度より現職。この間，中央教育審議会国語専門委員，
全国教育課程実施状況調査結果分析委員会副主査，評価規準・
評価方法の改善に関する調査研究協力者会議主査などを歴任す
る。平成20年告示学習指導要領中学校国語作成協力者，光村図
書小・中学校教科書編集委員，21世紀国語教育研究会会長。
『板書&展開例でよくわかる　指導と評価が見える365日の全授
業　中学校国語』（明治図書）他，著書・編著書多数有り。

【編著者紹介】

鈴木　太郎（すずき　たろう）

文部科学省初等中等教育局教育課程課　教科調査官，国立教育
政策研究所　教育課程調査官・学力調査官。東京都公立中学校
教員を経た後，東京都教育庁指導部で指導主事，統括指導主事
を務め，令和4年度より現職。「『指導と評価の一体化』のため
の学習評価に関する参考資料【中学校国語】」（令和2年3月
国立教育政策研究所）の調査研究協力者。

［編集協力者］
山口　　茂　　国立市立国立第三中学校
荒井　友香　　武蔵野市教育委員会指導課

中学校国語科
「個別最適な学び」と「協働的な学び」の
一体的な充実を通じた授業改善　第1学年

2023年8月初版第1刷刊	監修者	田 中 洋 一
©	編著者	鈴 木 太 郎
	発行者	藤 原 光 政
	発行所	明治図書出版株式会社

http://www.meijitosho.co.jp
（企画）林　知里（校正）西浦実夏
〒114-0023　東京都北区滝野川7-46-1
振替00160-5-151318　電話03(5907)6703
ご注文窓口　電話03(5907)6668

＊検印省略　　　　　　組版所 株式会社木元省美堂

Printed in Japan　　　　　　　ISBN978-4-18-367140-0
もれなくクーポンがもらえる！読者アンケートはこちらから →

全ての子供たちの可能性を引き出す
授業づくりの在り方を考える

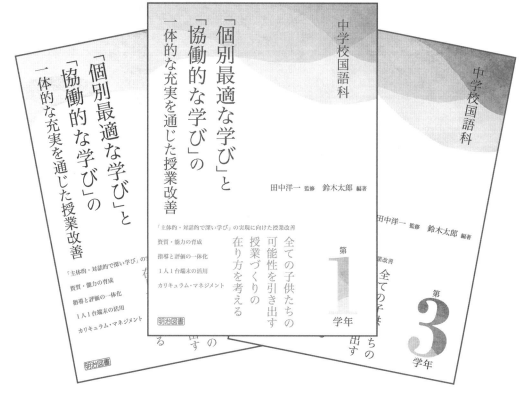

学習指導要領が示す資質・能力を確実に育成し、生徒一人一人を豊かな学びへと導くためには「個別最適な学び」と「協働的な学び」の一体的な充実を通じた授業改善が欠かせない。ＩＣＴを効果的に取り入れながら、領域別に授業づくりの具体を示した。

田中洋一　監修
鈴木太郎　編著

各Ｂ５判・128頁
定価 2,310 円（10%税込）
図書番号 3671-3673

明治図書　携帯・スマートフォンからは　明治図書 ONLINE へ　書籍の検索、注文ができます。▶▶▶
http://www.meijitosho.co.jp ＊併記4桁の図書番号（英数字）でHP、携帯での検索・注文が簡単に行えます。
〒114−0023　東京都北区滝野川7−46−1　ご注文窓口　TEL 03−5907−6668　FAX 050−3156−2790